普京传

［法］弗拉基米尔·费多罗夫斯基
（Vladimir Fédorovski）/著

李洪峰 沈艳丽/译

Poutine
L'itinéraire Secret

中国人民大学出版社
·北京·

目　录

相遇 ··· 1

历史影响 ··· 5

孩子王 ··· 15

年轻时代：从赫鲁晓夫到勃列日涅夫 ····· 19

精神导师 ··· 25

克格勃人 ··· 33

戈尔巴乔夫时代 ···································· 39

克格勃握权不放 ···································· 43

民主德国间谍 ······································· 49

成功转型 ··· 55

"共产主义的终结" ································ 59

"后共产主义"初期 ································ 67

叶利钦时代	71
"我被任命为亿万富翁"	77
"普京的方法"	81
叶利钦治下	85
重返情报机构	89
金钱、关系网和腐败	93
私有化的人	97
克里姆林宫的教父	101
秘密军团	107
争夺国家最高权力的决斗	111
车臣	121
普京成功背后的故事	127
政治支持	133
多面人物	139
沙皇和政要们	143
把玩恐惧	151
库尔斯克号的悲剧	155
普京和索尔仁尼琴	159
生活中的普京	163
预测普京的政策	169
重建影响力	177

恐惧重来 ……………………………………… 181
普京的俄罗斯 …………………………………… 185

附录一　要点回顾 ………………………………… 217
附录二　主要人物 ………………………………… 225
附录三　大事记 …………………………………… 231

相 遇

名列美国《福布斯》杂志"全球最具影响力人物"排行榜榜首的弗拉基米尔·普京，从小就渴望成为一位与众不同的人物。然而，我总觉得这个土生土长的列宁格勒人①有着多张面孔，他真实的本性被隐藏在一张张面具背后。他时而飘忽、时而犀利的眼神，他皱起眉头的样子，或者表现出不耐烦时的嘴唇动作，都体现出他钢铁般的意志，却又那么令人难以捉摸。作为一名优秀的情报官员，他显然学会了驾驭不止一种角色。此前他就曾给人留下了擅长释放迷雾的印象。他忠于克格勃的传统手段，生来就是一只变色龙。

这至少是20世纪90年代我在圣彼得堡第一次有机会私下接触他时的感受。1993年，我应市长阿纳托利·索布恰克（Anatoli Sobtchak）之邀（我们的友谊源于1991年在"民主改革运动"内部的共同立场），赴"北方威尼斯"担任电影节评委，当时我就已经有这样的感觉。

索布恰克曾在巴黎对我提起他的助手普京，赞不绝口："从

---

① 1952年10月7日，普京出生于列宁格勒（今圣彼得堡）的一个普通家庭。

在很多人眼里，普京是一位与众不同、具有超凡人格魅力的领袖

个人素质上看，他是一个不苟言笑、行事高效又诚实正直的人……"后来，他又明确地告诉我："他是个非典型特工，是个与众不同的人物！他与克格勃间谍的讽刺漫画形象毫无相似之处。"在圣彼得堡期间，除了我，还有很多人都惊叹于这位俄罗斯未来的总统随机应变的能力（当时，我还远未能预测他未来的命运）。

普京不像是个能放开自我、享受快乐的人。这不是他的个性。遵循特工学校的传统做法，他让所有与之对话的人相信，他和他们是一样的，是他们中的一分子，就像是对着一面镜子，对方看到的都是自己。有时，他毫不犹豫地模仿他们的一举一动，如习惯性的小动作、说话的方式。早在接受特工训练期间他就培养了能以一种令人困惑的轻松方式把自己变成任何一种模样。

历史影响

阿纳托利·索布恰克认为，有三个"根本因素"（这可是他的原话！）决定性地塑造了年轻普京的性格：一是斯大林时期列宁格勒政治家谢尔盖·基洛夫（Sergueï Kirov）被暗杀事件，二是第二次世界大战期间的列宁格勒围困战，三是"圣彼得堡精神"。

毫无疑问，沙皇旧都的氛围极其令人压抑，1941—1944年的可怕围困对人们精神的影响同样如此。但是，我最初曾更怀疑斯大林遗产对普京影响的重要程度。而我的朋友索布恰克的话终于在数年后的一个重要日子里显示出了正确性。2000年，新当选的俄罗斯联邦总统一开始就宣称："俄罗斯人民拥有长期的铁腕沙皇传统……"他所指的首先就是斯大林。从意识形态上讲，普京处理得很有技巧，他提出谴责列宁，逐步为其继任者（斯大林）开脱，而后者因为反纳粹斗争如今已经成为秩序和安全的象征。

列宁代表了共产主义学说，斯大林则象征着沙皇时代和永恒的俄罗斯的辉煌。我们从中可以体会到普京所设置的历史路径的维度：他以罗曼诺夫王朝第一代帝王的转世者自居，是上帝派来拯救俄罗斯并重建其辉煌的人。此外，他还说过这样一句意味深长的话:"谁不为苏联解体而惋惜,谁就没有良心;谁想恢复过去的苏联,谁就没有头脑。"

今天,为斯大林的成果辩护似乎与为情报部门辩护同步,而后者对于俄罗斯总统来说非常重要。"苏联各族人民的父亲"牺牲了数以百万计的人。但是今天,民众倾向于为斯大林的罪过辩护,强调"斯大林体制的遗产",如武器装备工业、核武器、导弹和空间探索、东欧铁幕和在第三世界的影响力,等等。

对铁腕人物的真正怀念体现在由知名派系和隐匿商业网络构成的混合联盟上。1985—1990年打着重新恢复秩序的幌子,或者按普京的说法叫作"被指挥的民主"的自由浪潮已经被清算,取而代之的是一个民粹主义的专制政权。这种稳定实际上标志着一种修复:21世纪的俄罗斯放弃共产主义,只是为了在斯大林遗产的基础上更好地与之融会贯通,这有些自相矛盾。确实,唯一的执政党及其国家意识形态不复存在,但是安全部门和军队仍然占据主导地位,经济和媒体受到控制,多党制事实上遭到排斥。通过安全部门在政治、政府高层和经济中的垄断,斯大林跨越了1991年苏联解体造成的旋涡,把手伸向了现在的国家寡头。

基洛夫被暗杀事件

1934年(普京父亲的青年时期)12月,谢尔盖·基洛夫之死成为克里姆林宫的一大谜团。基洛夫时任列宁格勒省委书记，即使算不上既定继承人，至少也是斯大林的亲信。

1934年12月1日，逮捕行动开始之时，鹅毛大雪飘落在这座水城，覆盖了涅瓦河。基洛夫之死的消息一经公布，斯大林就停止了一切活动，并于当晚抵达事发现场。按照克格勃后来的说法，此次谋杀是由一个所谓的嫉妒的丈夫所为，此人几年前曾属于反对派——托洛茨基派。当激情杀人的传言在城中传得沸沸扬扬时，对凶手的讯问也在秘密进行。但斯大林的到来为事件带来了另一种意义，使之很快就演变成一件国家大事。整整五天时间里，斯大林亲自接手了这项调查，监督审讯，下令撤职和流放。浩繁的卷宗需要警察部门用几个月的时间来补充完善。

在斯大林看来（这也成为官方版本），此次暗杀的责任应归于一个反对派团体，其中涉及列宁最早的一批追随者。指控就像癌症一样扩散到斯大林的其他的直接合作者身上。直到斯大林逝世后，赫鲁晓夫在1956年苏共二十大上所做的著名报告中，才隐晦地指责称，在基洛夫公开反对其政治立场后，斯大林指派秘密警察策划了暗杀事件。受害者最后的讲话（1991年后才解禁）批评了斯大林所强制推行的日益极端的集体化政策。

这一切难道纯粹只是虚假的历史？这起事件有许多细节至今仍令人费解……四年后被审判和枪决的苏维埃国家安全部门领导雅果达（Yagoda）也承认："警察并没有试图阻止谋杀。"不如让我们来推断一下：袭击事件的唯一目击者，负责保护基洛夫的秘密警察，次日即12月2日接受审讯，不久后就丧生于一场车祸，而车上其他人都安然无恙……同时凶手解释其行凶动机的信件也从卷宗中消失了……

当时的列宁格勒处于颤抖之中。指控不仅仅针对"阶级敌人"，也涉及可靠、忠诚的党内人士、优秀的官员（他们自己也制造过很多政治谋杀），以及不幸地与上述人士拥有或近或远关系的人们。最终消灭那些已被证实或可能与斯大林作对的人的良机到来了。斯大林护送基洛夫的遗体到莫斯科，为他在红场举行了盛大的葬礼。新闻媒体对"老布尔什维克们"被捕未置一词。这是在做舆论准备……斯大林采取了进一步行动，克里姆林宫的生活此后再无所顾忌。

圣彼得堡市市长索布恰克告诉我，这段历史引发了年轻普京对于斯大林时代的兴趣。而对列宁格勒围困战时期悲惨事件的了解又强化了他的新认知。

列宁格勒围困战

从1941年9月持续到1944年1月的大围困是第二次世界大战期间最惨烈的阶段之一。大围困造成近90万人死亡，他们多数死于饥饿和严寒，其遭遇的痛苦无可言状。列宁格勒人民就像被关在一个巨大的与世隔绝的贫民区里，感觉被遗弃，但他们在整个对峙期间表现出了超乎寻常的勇气。

大围困使圣彼得堡先天的弱点暴露无遗：德国人只需拿下施

吕塞尔堡这个要塞，或者说咽喉之地，"德国铁钳"就可以合上了，让这座城市遭遇"二次死亡"。

> 你，没有成为我的坟墓，
> 花岗岩之城，可怕又可亲的城市，
> 你脸色惨白，一动不动，寂静无声。
> 我们的告别不过是个假象：
> 我与你无法分离，
> 我的影子映在你的墙上，
> 我的倒影折射在你的运河上，
> 我的脚步声在艾尔米塔什博物馆大厅响起，
> 我正在那儿和我的朋友闲逛。
>
> ……………
>
> 我的城市仍然屹立，被围困着……
> 那些沉重的墓碑，
> 在你失眠的眼睛上。①

普京喜欢引述这首用于纪念大围困中遇难民众的诗歌，因为它给人的感觉是列宁格勒到处游荡着幽灵，充斥着他们控诉的声音。他说："当我大声朗读这首诗的时候，我仿佛想起并听到他们的声音，而在我看来，这隐秘的合唱正印证了这首诗的价值。"

---

① 安娜·阿克马托娃（Anna Akhmatova）的《没有英雄的诗歌》(1960)。

列宁格勒这座殉难者的城市、纳粹的牺牲品还有另一种失宠的感受——它所承受的斯大林体制的重负超过了其他任何城市。因此诗人继续写道：

　　俄罗斯，咬紧嘴唇
　　然而，却走向东方。

1942年，苏联红军在被包围的列宁格勒市郊与德军交火

希特勒甚至曾下令将列宁格勒夷为平地，也许因为它曾经是革命的起源地，也许因为它桀骜不驯地诠释了"斯拉夫人的天分"：在建筑领域，它没有任何需要羡慕德国柏林的地方。战争的苦难使列宁格勒与它的每一块石头血肉相连。人民用尽一切办法来拯救这座城市。面对德国炮兵无休止的进攻，他们采

取了各种措施，将雕塑掩埋，将藏品转移，用沙袋加固建筑物，但损失仍然相当惨重。德国军队占领了附近的皇家离宫，在撤退时将所有的大型宫殿烧毁，炸毁了彼得大帝夏宫并抢走了珍贵的藏品。

列宁格勒一解放就开始了重建工作，其工程之庞大、细致是史无前例的。这不仅是重建德国人留下的废墟，更是要用传统手段恢复宫殿原貌。尤其是皇家宫殿的修复，须展现出这座城市文化遗产之丰厚。在重建过往辉煌的过程中，列宁格勒面对这段悲惨的历史，把自己隐藏在一种骄傲和深情的姿态里；这段历史打上了深深的苏联烙印，只留下以往光辉时代的淡淡痕迹。过去我们还参照其他首都来描述它，比如"北方威尼斯""新阿姆斯特丹""北方的巴尔米拉"，突然之间，圣彼得堡—彼得格勒—列宁格勒拥有了自己的历史。

城市的新生和圣彼得堡的荣光冲击着年轻的普京的想象，在他身上巩固了一种特殊的感情，更何况他的父亲还曾经逃离了大围困。普京的父亲在战争期间是内务人民委员部（NKVD）[①] 的成员，差点被德国人抓住，但他潜入沼泽中并靠芦苇管呼吸逃过了德军追捕。之后他在医院躺了几个月，曾命悬一线，并成了瘸子。这也使得他战后只能在一家生产地铁车厢的工厂里当个工头。

[①] 苏联负责国家安全的警察机构，克格勃的前身。

圣彼得堡的幽灵

在圣彼得堡，水无处不在。它塑造了风景，勾勒出这座水城的轮廓。圣彼得堡这个由小岛、桥梁和水道组成的迷宫是由法国建筑师勒布隆（Leblond）精心设计的。波罗的海上刺骨的寒风无孔不入。浓雾遮掩了一切，昏黄而微弱、幽灵般的光晕下堤岸消失不见。严酷的冬天任意肆虐。

普京这个年轻的小伙子一下子就爱上了这座矗立在沼泽和浓雾中的城市，爱上它黄色、玫瑰色、天蓝色、绿色或是灰色的建筑物，一眼看不到尽头的、宽阔的涅瓦大街及其两侧林立的宫

圣彼得堡

殿、府邸和教堂，银光闪闪的水道和这座城市的不眠之夜。后来不知道有多少次，他一个人在这幽灵般的气氛中悠然自得地生活，仿佛时光停滞。有皮大衣御寒，普京几乎不在意落在他头上的密集水滴。在水汽朦胧中，"彼得的梦想"① 像是从一个深潭中崛起，流动着崛起。在这个有着长长窗口的剧院里，一切都是盛大的演出，它庄严的空间、宏大的建筑、装饰豪华的公园和园林，折射出其缔造者的强大和对世界的开放，而他的继任者们也具有同样的品位。

叶卡捷琳娜二世、亚历山大一世、普希金、屠格涅夫……这些永恒的俄罗斯的不朽人物，或者基洛夫、索布恰克这样的当代人物，那些沙皇俄国的热烈拥护者或者苏联时代的怀念者，都以各自的方式向他揭开了这座充满了艺术、文化和历史气息的城市的秘密。

---

① 彼得一世 1703 年建立了这座城市。

孩子王

这个少年为数不多的消遣之一就是在城里散步。但圣彼得堡的魅力并非自然而然地深入普京的内心，因为他的童年经常出入的是他父母所居住的贫民区。

20世纪50年代，生活在腼腆的外表下展现出残酷的一面。跟在其他地方一样，年轻人在门洞下拥抱，但女孩们也可能会在那里被强暴。这个小流氓的世界与"合法窃贼"的世界并行共存，就像后来人们所称的黑社会"教父"。他们在苏联社会形成了一个独立的圈子，有自己的法则、法官和目标。

普京一家住在集体公寓一间20平方米的房子里。"我得背着水桶爬上5楼。"普京回忆说。5岁时，普京在妈妈还有一位邻家老者的陪伴下，悄悄在附近的教堂接受了洗礼。然后他开始上学。不久，老师们开始抱怨这个学生太难管教，他的大多数时间都用于扮演孩子王的角色。其他小朋友害怕他，因为他时刻准备着打架。他和同学们一起把街区搞得鸡犬不宁，还经常跟另一伙人混战，为此受到过难忘的教训（他有好几次挨了父亲揍）。作为一个名副其实的街头混混，普京学会了隐藏自己的感情，并能判断哪里有威胁。由于恶名远扬，他很晚才成为共青团员①，然而这并没有对他产生太大影响。

他的性格因为一个柔道教练而发生了改变。这个教练手把手地教他柔道，将他从肮脏不堪的街头小巷带到了训练馆。13岁那年，体育成为普京最重要的事情。是这个教练将他从违法的道路上挽救了回来？在一次访谈②中，普京描述起自己的过去，一个在列宁格勒破败不堪的集体公寓里长大的小孩，和院子里的小伙伴一起追老鼠并捅破它们的肚子。"事实上，我曾经是个小流氓。"他坦承，"如果我没有从事运动，我真不知道自己会变成什么样。"

少年普京

---

① 共青团员的年龄为9～15岁。
② 访谈标题为"第一人称"，2000年发表于莫斯科。

数年后，他已是一个表现优异却性格孤僻的学生。他选择了努力学习，而不是经常出入舞会；体育运动是他唯一的休闲活动，他曾经是优秀的柔道运动员。大大出乎老师们的意料，他还参加了一个德语入门学习组。此时他给人的印象已经是一个特别谨慎和细致的人，不喜欢混乱和无纪律，讨厌轻率。他尤其欣赏同辈们身上的忠诚和正直。

那个时期，他萌生了一个明确的想法：当一名克格勃。一说到谍战片，他就掩饰不住对这个不寻常的职业的热情："在这些电影里，一个人的作用超过整支军队。"

梦想成为特工的普京来到列宁格勒安全委员会咨询，他本想立刻加入，但是那里的人建议他从学习法律开始："这是加入我们的更好的方式。"

普京的父亲曾是所在车间党组织的小组长，他的爷爷曾是列宁和斯大林的厨师，普京的父亲对儿子的选择感到失望，他更希望普京能成为一名工程师。[①]

[①] 普京的父亲于1999年8月去世，就在弗拉基米尔·普京被任命为政府总理的数日前，他未能看到儿子登上总统的宝座。普京的母亲也于此前一年因癌症在圣彼得堡去世。

年轻时代：从赫鲁晓夫到勃列日涅夫

在普京5岁生日的前三天，即1957年10月初，一个重大的消息传开了：世界上第一颗人造卫星成功进入轨道，开启了征服宇宙之路。所有苏联人都把耳朵"贴"在了收音机上，不肯错过任何关于苏联卫星升空的消息，那是他们的卫星。

普京的少年时代经历了赫鲁晓夫的上任及其突如其来的倒台[1]，用他自己的话来说，这个时期充满了深刻的矛盾。很难说这个矛盾的人物到底是去斯大林化的发动者，还是其所继承的体制的捍卫者。在1956年的苏共二十大上，赫鲁晓夫揭露了斯大林的部分罪行，然而克里姆林宫的新领导人更希望能够延续共产党的统治地位，并因此强化了领导班子。事实上，他著名的"秘密报告"免除了领导班子此前的罪过，而将责任全部推到了斯大林和他的效忠者、情报部门负责人贝利亚的身上。赫鲁晓夫打开了"去斯大林化"的大门，却胆战心惊，只敢公开一部分事实，而且他传递的信息晦涩难懂。这是一个参数，可以解释普京童年时期突然发生的所有事情。但是知识分子和艺术界第一次开始讲真话了，尤其是大型文学杂志《新世界》刊登了索尔仁尼琴的作

---

[1] 赫鲁晓夫在1953年到1964年间执掌苏联政权。

品。不过，那时候的普京并不阅读此类文学作品。

全世界都嘲笑斯大林平易近人的继任者在联合国用鞋敲打讲坛的情景。他确实没想到，谴责对一个光环笼罩下的领导人的崇拜会对苏联体制造成毁灭性的打击。他称苏联共产党曾被一个"精神病人"所领导，实际上质疑了路线的一贯正确性，而这曾是政权的基础。短期来看，这引发了1956年秋天的布达佩斯事件。赫鲁晓夫打破了斯大林的神话形象，也开启了一个不可逆转的进程，此后30多年中历经众多变化，国家走向了戈尔巴乔夫的改革以及解体。而在当时，所有人都认为这个体制是不可撼动的。但是1964年10月，克里姆林宫的政要们为了保住自身受到改革威胁的职位策划了一场政变，赫鲁晓夫下台，取而代之的是

赫鲁晓夫（中）、勃列日涅夫（右）、马利诺夫斯基（左），1963年

列昂尼德·勃列日涅夫。

弗拉基米尔·普京那时才刚满12岁。赫鲁晓夫下台并没有对他家的生活产生明显影响。只不过在他父亲工作的工厂和他的学校里，领导人的画像被更换了，新任领导人的浓眉肖像从此被摆在显眼的位置。

虽然这场政变本身不同于在拉丁美洲发生的政变，但人们却完全有理由质疑由这个拥有12名成员的政治局来决定苏共第一书记人选是否合法……因此，看起来最好选一个能从政治上让大多数人接受的候选人。勃列日涅夫的性格明显比赫鲁晓夫更具可塑性，且不那么主观，总之，这使他看起来是不那么危险的弱者，被认为是领导班子核心的最佳人选。但这并不说明他是个新手，因为从技术角度讲他也曾策划过针对对手的政变，而且他也不是没想过在对手从开罗返回途中将飞机炸毁……

这个土生土长的乌克兰南方人爱好打猎、美食和赛车。他执掌政权时50来岁，精力充沛且好斗。

勃列日涅夫执政的前10年如今已经在俄罗斯得到认可。这10年正好赶上石油价格上涨，切实保障了人民享有整个苏联时代最好的生活条件。商店开始摆满商品，有些食品甚至开始从西方进口。但不久以后，当时业已严重的腐败大爆发了。被称为"温和新斯大林主义"的勃列日涅夫的政策，显然与克里姆林宫里那些铁腕政策支持者试图推行的路线相背离。

"在整个大学期间，"普京解释说，"我以为我曾经找过的克格勃接待处①的那个人会联系我。但是显然他已经忘了我。我去找他们的时候,还只不过是一个小学生。谁又能知道我会那么坚持呢?还有,我也没有忘记他们不招募志愿者。"

沉浸在那些小爱好和让他无法喘息的政治阴谋中的勃列日涅夫将秘密警察的领导权交给了一位非常优秀的高级官员,他就是普京未来的良师:神秘人物尤里·安德罗波夫。

---

① 当然是要由克格勃来选择新加入的成员。

精神导师

1975年，普京从法学院毕业。作为成绩最好的学生之一，他被列宁格勒的克格勃挑中。他就这样进入该市的反间谍部门，主要负责收集关于反当局者的情报。未来的俄罗斯总统在那儿度过了四年半时间，其间两次因参加培训而中断工作。他对关押异见分子这种做法没有任何心理准备，到现在也声称他当时不了解政治严峻的程度，无论是在斯大林时代还是此后。

说实话，我完全没有想过，一点都没有。……我没有想过镇压。我对于克格勃的印象都来自间谍小说中对于情报人员工作的描述。毫不夸张地说，我是苏联爱国主义教育的幸福产物。

因为受到斯大林时代的动荡困扰，加上常被20世纪60年代西方反间谍活动挫败，克格勃几乎处于瓦解的状态，尤里·安德罗波夫却高效地将之打造成为一个令人生畏的武器。正因为如此，即使他曾长时期都处于权力运行核心（如苏共书记处或政治局）之外，还是成了克里姆林宫最有权力的人物之一。安德罗波夫也矛盾地代表了那些愿意相信体制在逐渐演变的现代主义者或者说是自由主义者的希望。这个有些让人意外的名声首先与他个人的态度有关。可能是因为他曾很长一段时间都负责对外关系，数度表现出外交官的才华，很晚才转入情报部门工作；他表现出对盎格鲁-撒克逊文化的特别热情：他自己阅读或是鼓励他身边的人去阅读美国或英国的著作和期刊，喜欢听爵士乐，社交时只喝威士忌。

1988 年 5 月，美国总统里根访问苏联，左一为普京，时任克格勃要员

我在国际关系学院①学习时，有机会结识了他的儿子伊戈尔（Igor）。伊戈尔出生于 1945 年，不仅在美国接受教育，还被允许长期居留。他在美国完成了一篇关于当地工人运动的博士论文。这是否是乃父职业精神最完整的体现？是马基雅维利主义还是突

---

① 指莫斯科国际关系学院（MGIMO）。

破常规？毕竟深入了解对手是每个间谍的职责。他对这个问题回以微笑，这使他既能回避可能出现的不合时宜的问题，同时又能赢得他人的信任。所有与他接触过的人都提及他谦恭却又模棱两可的语调，还有谜一般高深莫测、最终会让人觉得不舒服的表达方式。当我可以打量他的时候，我还发现他的眼睛会经常变换颜色，有时眼镜后面会射出冷冷的光芒。

不过，安德罗波夫的自由主义或现代主义名声也建立在许多具体的事实之上。20世纪50年代初①，他曾是"芬兰折中论"的工人骨干分子，呼吁维持芬兰半独立的、"资产阶级的"，但是中立的状态。他曾于1953—1957年担任苏联驻匈牙利大使，并在那里推行类似的政策。的确，1956年秋天的布达佩斯事件后，他不得不采取了镇压行动，但却得以组成一个既相对自由又忠于莫斯科的政府。② 1957—1961年，他负责处理东方阵营内部各国关系时又采取了同样的方法，鼓励各国政府因地制宜地实行"资产阶级自由主义"，或是带着民族主义甚至是基督教或伊斯兰教色彩的马克思主义。被任命为克格勃掌门人后，安德罗波夫曾经宣称要将其改造成一个监控组织，而非继续充当他并不认同的恐怖机器，虽然他从一开始就把这个"政治工程"冠以斯大林的明确指示："重要的不是让拳头打人，而是让它悬在每个人的头上……"③这也显示了他的政治立场，他认为勃列日涅夫让每个权贵维持其

---

① 奥托·库西宁（Otto Kuusinen）执政时期。
② 由卡达尔·亚诺什（Kádár János）领导。
③ 这是1924年斯大林对当时苏联驻阿富汗大使所说的话。

权力范围的做法会将国家引向灾难。

事实上，一场经济的、社会的和道德的危机即将席卷全国。经济停滞，通货膨胀，军费开支占据国民经济总产值的相当大比例。一份秘密报告警示这位克格勃领导人，俄罗斯可能在 2000 年沦为二流国家，甚至是第三世界国家。如何重振局势？带着神秘的微笑，安德罗波夫宣布他将支持那些"渴望在社会主义内部工作"的改革派，但是也将毫不留情地打击"异见分子和叛徒"……与斯大林和赫鲁晓夫都不同的是，安德罗波夫厌恶杀人，而前两个人都采取了系统的清除手段。安德罗波夫也确实对对手采取过特工部门所谓的"杀人行动"，如刺杀阿富汗总统事件，但他天性是一个谨慎克制的人，他的目标是让国家走向某种稳定，来保证体制渐进发展。

有些清醒的人则给出了另一种更加干脆的描述，后来的俄罗斯"改革"意识形态家亚历山大·雅科夫列夫（Alexandre Yakovlev）称之为"典型的新斯大林主义"。确实，安德罗波夫在执掌克格勃事务期间①将打击"意识形态颠覆"作为第一要务，尽管用他自己的话来说，他更愿意用"预防"这一概念取代斯大林的方式。

由于非常担心 1968 年"布拉格之春"后一系列改革可能产生的影响，他成立了克格勃第五分局，负责监控一切形式的政治异见，阻止一切反对活动。这就是普京进入克格勃最初几年的日

---

① 1967—1982 年。

常工作。

当时，索尔仁尼琴事件让"政治警察们"很是头疼。1970年10月，一听说苏联最大的异见分子刚获得了诺贝尔文学奖，安德罗波夫立刻给克里姆林宫呈文，其中详细制订了一个计划，要出台一项法令以剥夺该作家的国籍，并将其驱逐出苏联。然而他未能说服政治局的大多数成员。1971年秋，勃列日涅夫听取了他的好友尼古拉·奇切洛科夫（Nikolaï Chtchelokov）的意见，试图团结索尔仁尼琴，促使其站到克里姆林宫的立场上，而不是对其进行迫害：

> 为了解决索尔仁尼琴的问题，我们需要分析过去在处理和艺术界的关系上所犯的错误。……应该让一个最高级别的人去跟他谈，消除之前的迫害留在他嘴里的苦味。……当前的情况下，我们不应该公开处决敌人，而要在抚爱中让他们窒息。

1977年，针对另一个同样有名的异见分子，即被安德罗波夫视为"第一大公敌"的物理学家安德烈·萨哈罗夫（Anreï Sakharov），他共采取了32项行动，而所有的反对派团体无一例外都遭遇了一个或多个克格勃特工或线人的渗透。

在这些大规模行动之余，"政治警察"还要应对另一个头等重要的问题：保证勃列日涅夫及其身边人员的日常安全，尤其是他的大儿子、对外贸易部副部长尤里（Iouri），以及他的女儿加琳娜（Galina）。这项工作没法按常规办，因为他的这个儿子因酗酒和腐败而恶名远扬，而这个女儿跟她父亲一样爱好美食，因和马戏团艺人们的荒唐交往而声名狼藉。在悲剧和轻歌剧之间，有时候很难找到自我……

勃列日涅夫是个善于妥协的人，他微弱的改革火苗被1968年的"布拉格之春"完全浇灭了。他建立了相对复杂的派别体系，让每个权贵都拥有自己的势力范围。他借此得以维护自己的权力，并赋予每个共和国在经济方面的行动权限，而这种自治权伴随着各种风险。

普京承认，他和其他人一样，早就注意到了这个政府模式的偏移，并且认为"只有国家最有效的力量（指克格勃）能够阻止这一形势的恶化"。"政治警察"是俄罗斯历史上少有的恒量，普京总是这样描述其宏大的使命：该机构过去追求、如今仍然渴望充当神坛的守护者、国家利益的最高保护者。"跨越数百年和不同的体制，不论在苏联时期还是沙皇时代，政治警察都在这个国家操纵一切：1861年农奴制的废除；1907年的斯托雷平（Stolypine）① 改革；戈尔巴乔夫的突破……"

当讲到克格勃的时候，普京的脸上闪现出几乎是野兽的奇异光芒。他说："数个世纪以来，一个特殊的精英阶层在俄罗斯情报界诞生了。它就是政治警察，也可以称作克里姆林宫的秘密……"

---

① 沙皇尼古拉二世时期改革派总理，斯托雷平在俄罗斯被视为20世纪最伟大的政治家之一。

克格勃人

从普京的经历来看，他至少有过五个身份。首先是克格勃军官，致力于最高使命的高级警察。身处情报部门的核心，这个年轻人最大的渴望是成为俄罗斯版的"詹姆斯·邦德"并被派往西方国家。1978 年在莫斯科受训后，他本来有机会得偿所愿。

这次特殊的学习旨在培训"特别预备队"（俄罗斯对外情报局）的职业军官和非专业的秘密谍报人员[1]，围绕多项技能进行。缜密的审讯和心理施压技术，武器操作（冷兵器和热兵器），关于爆炸物的知识，毒药或化学物质、细菌以及气体的使用等，这些构成教学的基本内容。他们也要学习不露声色，讲两种甚至是三种语言，组织协调行动，模拟自杀等，在这个过程中要表现出完美的自控力。情报人员就这样培养他们的意识形态、逻辑思维和世界观。秘密谍报员的招募和培训则遵循另一套特殊规程，其

---

[1] 主要指外国侨民，他们不是职业情报工作人员，但是以虚假身份从事一项或多项活动。他们通常在合法或密派的职业军官领导下从事间谍工作，这些军官被称为"主管军官"。尽管在机制失灵的情况下他们处境艰难，因为他们不能享受任何外交保护，但这些移民是理想的作战力量，因为他们几乎不会被敌方的反间谍机构识破。这些人完全自主，结构上直接跟"中央"（莫斯科中央行政机关）联系，不通过任何俄罗斯驻外外交机构合法人员。

最大特色是严格的个性化特点,因此候选人实际上从来不会以小组形式进行训练。

此外,在克格勃学校里,普京还被要求完善他的德语(他现在能讲一口流利而且没有口音的德语),并学习数种方言。

但是,这位见习特工想要加入非法情报网[①]的梦想落空了。他没有被派往西方国家,而是被派到了他的家乡。这次,他没有被分配到俄罗斯重新规划的一般情报部门,而是到了声名赫赫的列宁格勒克格勃第一局,负责间谍活动。他处理了四年半的麻烦事和日常事务,却仍旧怀抱同一个希望:去国外工作。然而,要出国必须先结婚,这是外派的克格勃官员必须遵守的规则,情报机构希望它们的官员不受任何干扰。

适合结婚的人选此时已经出现。他们结识于1980年。这个漂亮的空姐和年轻的克格勃军官之间的浪漫曲始于一场某著名滑稽演员在列宁格勒演出的散场时分。未来的总统有着北方人特有的魅力,但是正如柳德米拉·普京(Lioudmila Poutine)日后所承认的:"他是那么的不起眼,穿着寒酸,如果是在大街上遇到,我都不会注意到他。"普京就这样成了这位友善又果断的姑娘的白马王子。

[①] 著名的S部门集中了克格勃第一总局中央管理局所辖的所有地下活动。情报部门不再属于俄罗斯对外情报局中央管理局的官方组织架构。然而,情报部门不可能放弃此类活动,相反,地下活动目前似乎在其内部发挥着越来越重要的作用。

柳德米拉 1955 年出生于波罗的海海边城市加里宁格勒，该城也叫哥尼斯堡，是苏联海军基地。她从小就崇拜海军的黑色和金色制服。她热爱历史，喜欢凝视高耸在市中心的路德教哥特式大教堂，这是少数几座没有毁于二战的珍贵建筑之一。这个爱笑的女孩比起上学来更喜欢旅行。因此，她放弃学业而成为苏联国内航线的空姐并不奇怪，但她母亲很不高兴。

普京与柳德米拉举办婚礼

大提琴手谢尔盖·罗杜金（Serguei Roldouguine）是那个时期留意这对夫妇的人之一。普京那时看起来是个"人际关系专家"。当他们在涅瓦大街散步时,普京经常讲述俄罗斯的历史。他从彼得大帝的骑马雕像中看到了伟大和毅力的象征。柳德米拉——普京昵称她"露缇可"——更多提及的是俄罗斯灵魂的反差,它的剧目中夸张地混合了光辉和黯淡,混合了夏天不眠之夜的光亮和冬天凄冷的黑暗。就像他们的朋友们所印证的,他们一起回忆童年,评论新看的演出,但是不谈政治;这首先是因为普京因其工作受到诸多限制,其次是因为柳德米拉(她自己也承认)对这个话题完全不感兴趣。

在他们相识三年半后,普京求婚了。柳德米拉回忆起她当时的惊讶说:"我原以为他要跟我分手。"1983年7月28日,两人在亲友的见证下举办了朴素的婚礼。紧接着,这位少妇不无尴尬地得知,她的丈夫是个间谍(之前他自称在刑事警察局工作)。

夫妇俩没有自己的房子,不得不借住在父母的公寓里。在丈夫的要求下,柳德米拉告别了航空业,进入语言学院学习法语和西班牙语。

戈尔巴乔夫时代

不久后，1985 年 3 月，米哈伊尔·戈尔巴乔夫登上了权力巅峰。起初，普京很兴奋。新任苏联领导人开始清除克里姆林宫里公开的敌人，并有意宽容了曾经有力支持他的政治警察。

两个互相冲突的改革方案形成了对峙：一个是极端改革派方案，以戈尔巴乔夫的幕僚雅科夫列夫和外交部长谢瓦尔德纳泽（Chevardnadze）为首，准备脱离共产主义制度；另一个是克格勃的改革方案，致力于挽救苏联体制。克格勃坚定地反对任何形式的松懈，呼吁民族主义再次执掌俄罗斯，如同今天的普京一样。

戈尔巴乔夫却并不表明立场，而是选择扮演裁判的角色，并根据自己的利益等候时机来影响克里姆林宫的政要们。① 他在间谍问题上的态度同样是模棱两可的。

同年 12 月，克格勃官员受邀参加了一次会议，主题是戈尔巴乔夫对于假消息问题的批示，普京是其中一员。这次会议的自

---

① 这一态度导致事实只有单方面的版本，克格勃的前辈们众口一词。列奥诺夫（Leonov）将军就曾经直白地说："他的同事们重实效，对新思想和对外交往经验持开放态度，并坚持国家的强权地位。"

由表达氛围对于克里姆林宫来说非同寻常。有了这样的氛围，会议批判了媚上吹捧的报告形式，然后用非常完美的官腔明确必须依照列宁语录行动："只有真理才是革命的。"工作人员们从此再不需要篡改报告日期，虽然有些官员要丢掉这些老习惯还有一定困难。

戈尔巴乔夫（右）

起初，普京很赞赏戈尔巴乔夫对科学技术领域情报工作的浓厚兴趣。确实，那几年克格勃在该领域取得的成绩要优于纯粹政治性的情报活动：渗透进研究机构比进入高层行政部门容易多了。而俄罗斯"改革"之父总不忘炫耀这些成果，因为这为克里姆林宫节省了很大一笔开支。

尽管戈尔巴乔夫试图"整顿"（这是他自己的话）情报部门

和他身边改革派之间的关系,然而事情却朝着另一个方向发展了。克格勃主席①因病不得不离开他的岗位。戈尔巴乔夫(他承认这是他所犯的一个严重错误)任命了弗拉基米尔·克留奇科夫(Vladimir Krioutchkov)②。

---

① 指维克托·切布里科夫(Viktor Tchebrikov),1982 年起任职。
② 他是 1991 年 8 月试图推翻戈尔巴乔夫、停止改革的政变发动者。

克格勃握权不放

这名苏联对外情报工作长官的发达要归功于尤里·安德罗波夫。他曾在安德罗波夫担任匈牙利大使时任其个人秘书一职，后来当过新闻专员。弗拉基米尔·克留奇科夫经历了1956年的布达佩斯事件。后来，作为克格勃对外情报局的负责人①，他积累了很多关于阴谋和特殊情况的经验。但同时他也能够捕捉到时代的新动向。他本是一个不起眼的官员，却因出乎意料地支持社会民主主义而得到了戈尔巴乔夫的关注。早在20世纪80年代，他就训斥下属未能招募到顶尖的美国情报人员，并要求克里姆林宫的间谍活动做"根本性的改善"。

在戈尔巴乔夫开始尝试对美新政策时，克格勃出色地完成了一个行动：第一次策反了美国中央情报局内部的一名重要官员。1985年4月，苏联驻华盛顿大使馆来了一位不速之客，在美国中央情报局工作了18年的奥德里奇·艾姆斯（Aldrich Ames）主动提出与克格勃合作。在两个月的时间里，他向苏联提供了西方阵营情报部门（主要是美国）20名间谍的名单。9年后他被捕时，

---

① 从1974年到1988年。

已从苏联情报机构处获得了约 300 万美元的高额酬金（可能是克里姆林宫特工活动的历史最高纪录），以及另一些许诺给他的同额款项。而政治警察似乎遵从了戈尔巴乔夫的要求，对于西方国家的报告不再那么片面。

1987 年 12 月，戈尔巴乔夫前往华盛顿与美国总统里根签署两个超级大国削减核武器的协议，居然带上了克留奇科夫。这是史上首次对外情报部门的负责人陪同克里姆林宫的领导出访西方国家！这一举动可以体现出戈尔巴乔夫对克格勃的器重，后者在大选时支持了他并且成功打入了美国中央情报局内部。此次访美期间，克留奇科夫隐藏身份与未来的美国中央情报局局长在白宫的餐厅里共进了晚餐。

1988 年 10 月，尚未被公众所熟悉的克留奇科夫实现了担任克格勃主席的雄心。他在对外情报局的告别演讲巧妙融合了传统意识形态的陈词滥调与戈尔巴乔夫的思想。1989 年伊始，他在办公室会见了美国大使，这个引人注目的举动意在强调东西方关系的新气象。以前还从来没有任何一个政治警察的领导以这样的方式参与公共关系活动。普京正是在这样一个人物所领导下的克格勃工作的。

那些年，阴谋——克里姆林宫里的大幻影——一直困扰着普京及其情报部门的同事们，似乎 16 世纪"恐怖的伊凡"沙皇时代的心理状态一直得以维持。由于对内对外不断地制造恐怖，所有人最后都相信了自己的谎言。

在这方面，一次克格勃的会议大张旗鼓地启动了 RYAN① 行动。1981 年 5 月，因病而身体虚弱的勃列日涅夫发表了一场几乎难以听清的演讲，他在讲话中谴责了美国的政策，视其为"人类的巨大威胁"。安德罗波夫接着发言，让在场所有人大吃一惊的是，他宣布克里姆林宫决定让两个宿敌——克格勃和总参谋部情报总局（格勒乌，GRU）——进行苏联特工历史上的第一次联手，以收集美国对苏联发动核攻击计划的情报。

1982 年 11 月，安德罗波夫接替勃列日涅夫登上国家权力顶峰。他与情报部门的高级官员们保持了密切的关系，并保留了对克格勃的一切权力（虽然他在克格勃的领导身份已于 5 月被正式接替）。在他短暂的执政期间（不到一年半），RYAN 行动是他关注的焦点。虽然大多数在西方国家首都工作的情报人员对这个行动持怀疑态度，但谁也不愿拿前途冒险去质疑领导人的意见。这导致在情报的收集和分析上出现了一个恶性循环。实际上情报人员被要求搜寻与克里姆林宫观点一致的信息，而克里姆林宫收到这些信息的时候愈发担忧，然后下令要求搜寻更多同样的线索。

这样的假情报在 1983 年 11 月北约军事演习时达到极致。那几日里，苏联领导人坚信这些演习其实是第一次核攻击的幌

---

① "Raketno-Yadernoïe Napadenie" 的缩写，意为"核弹攻击"（完全是安德罗波夫臆想出来的里根政府计划）。

子。美国人对这一幻想很是担忧，几次试图安抚莫斯科。① 但到了 1984 年，RYAN 行动的热度因其发起人的去世而逐渐减弱。

说实话，曾经吸引普京的克格勃的神秘形象在那一时期逐渐黯淡。政治警察依靠其他行动手段努力适应着新形势。因此在克格勃内部还成立了特种部队，先是阿尔法小组，然后是天顶小组，其人数在 20 世纪 70 年代末不断增长。所有特别行动中最重要的一次就是刺杀 1979 年 9 月通过流血政变上台的阿富汗最高领导人哈菲佐拉·阿明。②

攻击总统府邸的任务（此类行动的经典做法）交给了阿尔法和天顶特种部队的 700 多名成员，他们穿着当地人的制服，用伪装成阿富汗车辆的军用卡车代步。12 月 27 日，一个几天前被隐藏在首都中心广场大树后的爆炸装置被引爆，这是发动进攻的信号。但是总统府卫兵们的抵抗比预想的要顽强得多，100 多名克格勃军官在攻占总统府时牺牲，阿明被打死。在接下来的几个星期里，25 万苏联士兵前来支援阿富汗军队打击叛军。西方阵营对空降喀布尔的武装干预的效率感到震惊，但更多的是对苏联意图

---

① 苏联大使阿纳托里·多布雷宁（Anatoli Dobrynine）证实，安德罗波夫当时让人在美军基地附近的酒吧和饭馆里建立了一系列的"死亡隐蔽处"。他计划在那里放置爆炸物然后引爆，造成恐怖袭击的假象。选定的地点包括自动售卖机的背后、洗碗槽下面的鼓风机、厕所木质门梁的上方，甚至是纸巾出售机的上方。

② 尽管他一向谨慎，安德罗波夫还是接受了"肉体上消灭"这个难以驯服的领导人的主意。

建立符合其意愿的政府的激进主义感到恐惧。苏联在阿富汗的军事干预引发了一场艰难且代价高昂的冲突,堪比当年美军出兵越南。而这场冲突在冷战的最后阶段将扮演重要角色。

民主德国间谍

戈尔巴乔夫入主克里姆林宫的 1985 年，好运再次向普京招手。他被莫斯科红旗学院（今对外情报学院）录取，去接受新的培训。他当年的老师称他是一个坚持不懈的人："他从来不出问题，从来没有人怀疑他的诚信。但是他比较内向。"

少校普京终于要准备出国了，他的代号是"普拉托夫"。

"在学习期间，"他解释说，"从一开始就很清楚，他们要派我去德国，因为他们鼓励我学好德语。唯一需要知道的是他们会派我去民主德国还是联邦德国。如果去联邦德国，需要在中央系统相关部门工作至少两到三年。"

所以他被派到了民主德国的德累斯顿——苏联特工机构的核心要地。他与德国政治警察部门斯塔西紧密合作，完成了几项普通的渗透任务，根据他自己透露的信息，他主要负责联邦德国外交部。

主要工作是政治情报。收集关于政治人物、潜在对手的信息……招募线人，接收信息，处理信息，然后再发往中央。需要汇集的数据包括各政党及其发展趋势、现任领导人的情况，如果可能的话也包括未来领导人，某些人在党内和在国家机关的提拔情况。知道谁做什么事、外交部对我国的政策及其对世界各地不同问题政策的影响，这一切很重要。举个例子，在裁军谈判中我们的对手所持的立场是什么。为了获得这些信息，线人是不可或缺的。正因为如此，我刚提到了招募线人的工作……这是一项常规工作。

克格勃第一总局的同事们认为，普京基本如实地描述了他工作的实际情况，但还是夸大了他的角色的重要性。虽然他担心德国局势的发展可能会变得难以控制，但他不过是一个低级官员，与神秘的"光线"小组的行动并不相干，这个小组负责替换民主德国领导层中的新斯大林主义者，并支持戈尔巴乔夫的亲信。1998年，他刚被任命为情报机构负责人时，曾试图打听他过去的领导对他的看法。他们对他的评价并非只是颂扬：普京总有一个缺点，就是"不善交际"。1989年，他结束德国任期时被授予（民主德国）国家人民军队铜质奖章。然而这一荣誉并不是表彰杰出成就的，民主德国情报机构负责人马尔库斯·沃尔夫（Markus Wolf）解释说："无论是秘书还是司机，只要不出大差错，所有人都能在工作几年之后获得这个奖章。"

2000年初，在他第一次竞选总统的活动中，很多刊物都将普京描绘成为传奇的X路线而努力的俄罗斯版"詹姆斯·邦德"，承担了科技领域的间谍活动任务。很显然，这些属于人为操纵的信息。他的克格勃老领导弗拉基米尔·克留奇科夫说："普京想借此提升自己的身价。"[①]

[①] 《莫斯科新闻报》2000年1月20日。

在民主德国，普京夫妇拥有一套公寓和一辆公务车，日常生活得到改善。但是柳德米拉对于丈夫的身体变化感到担忧。这个男人曾经以柔道运动员的苗条身材吸引了她，但因为喝啤酒，体重增长了12公斤。她对丈夫的职业风险也持保留态度，她说："当他在克格勃工作时，我们总体上过着一种十分孤立的生活，到处都是雷池……"他们居住的地方实际上是专门给情报人员的某种隔离区，其中5套公寓分配给克格勃的官员，4套给总参谋部情报总局的官员。位于盎格利卡大街4号的办公室步行几分钟就能到。

柳德米拉负责照顾他们的两个女儿，出生于列宁格勒的玛莎和出生于德国的卡佳。在那时，这位年轻的少妇和她的同胞们一样对戈尔巴乔夫的"改革"怀抱希望。因此她是最早一批改进政党领导人外观的人，自己也穿上了从德累斯顿的大商场里买来的紧身运动衫。然而，她没有很奢侈，他们夫妇节省下来为数不多的钱是要用来买车①的，那是苏联顶级的奢侈品。

对未来的俄罗斯总统的个人发展来说，民主德国共产主义的黄昏是一个重要的阶段。

> 从某种意义上看，民主德国打开了我的眼界。我当时以为是到了一个中欧国家。那正是20世纪80年代末，通过与

---

① 伏尔加牌。

普京与两个女儿

斯塔西工作人员的谈话，我明白，他们和他们的国家还处在苏联很久之前所处的政治环境中。这是一个集权国家，和我们 30 年前一样。很多人信仰共产主义，当然，也有人怀疑这个体制坚持不了太久。我们国家正如火如荼地进行改革，很多东西都可以公开辩论。但是在民主德国，一切还都是禁忌。

然而 1989 年 10 月 7 日民主德国 40 周年国庆之际，整个柏林见证了一幅超现实主义的画面，此时这个国家正在分崩离析。在庆典活动过程中，戈尔巴乔夫警告道："生活会惩罚那些迟到的人……"这是公开影射民主德国中央委员会书记埃里希·昂纳克（Erich Honecker）的保守主义。在私下里，克里姆林宫的领导人批评得更狠。在与昂纳克一次长时间的对话之后，他爆发了："我受够这个老斯大林主义者了！……"几天之后，这个不幸的家伙被彻底除掉了。但为时已晚。11月初，指定的继任者埃贡·克伦茨（Egon Krenz）不可避免地受到了游行示威人群的强烈反对。

在此期间，民主德国政治警察负责人埃里希·米尔克（Erich Mielke）会见了驻柏林的克格勃，即普京的上级领导。他一直希望从莫斯科获得指示，来决定如何面对越来越多的民众参与的示威活动。他得到的回答十分明确："如果你们使用暴力，就不要指望我们。"戈尔巴乔夫最终还是坚守了他之前对联邦德国总理许下的承诺：不进行武装干预。因此柏林墙的倒塌也是改革派选择放弃镇压的结果。

这一选择也将决定克里姆林宫的态度。11月8日夜，东柏林的居民开始越过柏林墙。克格勃来不及进行任何谋划，因为事件迅速波及情报部门……情报部门不敢公然反对克里姆林宫领导人的决策，但是对此耿耿于怀。在某种意义上，正是在这一天导致了1991年8月针对戈尔巴乔夫的军事政变。

成功转型

对这名38岁的克格勃军官来说，1990年重返苏联很麻烦。为了避免外国情报机构发现特工的身份，需要销毁所有的档案材料。这项烦琐且需要井然有序的工作，不允许有任何差池。他说：

> 我们中断所有的联络、交往和关系网。我个人烧毁了一大批文件。火太大，以至于锅都裂开了。我们不分昼夜烧文件。最重要的文件被带回了莫斯科，但它们在实际操作中已经不重要了。出于安全考虑，中止了一切发展线人的工作。没有烧毁的文件都进行了归档。

除此之外还出现了一些个人问题，一场严重的车祸使柳德米拉不得不在医院里住很长一段时间。

为什么普京没有被分配到克格勃莫斯科总部？对这个决定，他通过自己对当时苏联普遍危机的分析做出了解释，表示早就知道政权体制没有前途了。他说："国家没有未来了，我却还在体制内等待分崩离析……这太让人难受了。"事实上，根据我们掌握的资料，除了列宁格勒大学的一个无关紧要的岗位，他没有得到其他任何工作安排。他就这样被任命为校长助理，负责国际关系。他的学生们很快就给他取了外号——"斯塔西"。这个外号准确地命中了事实：这位克格勃中校一直被视为苏联情报机构的现役后备人员。

但1989年底，列宁格勒民主派市长阿纳托利·索布恰克邀请普京担任他的办公室主任。这是某个大学的教授给他的提议。① 索布恰克知道普京一直隶属于情报机构，但他希望能从中获利，尤其是获取关于列宁格勒形势的可靠消息。② 克格勃的领导们觉得这没有坏处，刚好可以在民主运动的重要人物身边安插耳目。普京坦承克格勃想要利用他对索布恰克的影响，但他坚称自己一直都拒绝参与这种操纵。

---

① 2000年总统大选期间，亲政权的记者把普京描述成索布恰克20世纪70年代在列宁格勒法学院教书时就喜欢的学生。但是事实证明并非如此。这个年轻人是他的学生，和其他同学无异，而且那时他和索布恰克几乎没有交集。这样的言论欺骗不了任何人。

② 1991年10月23日与笔者的访谈。

"共产主义的终结"

戈尔巴乔夫开始加强对国家权力各主要决策核心的控制时，犯下了一个严重的错误，他这样总结道："我们本希望保持对党的影响力，却忘记了克格勃这个真正的国中之国，它是改革最危险的敌人。"

然而，他又用他那著名的模棱两可的语气重复道："我们要用苏共和克格勃（斯大林的工具）来消灭斯大林主义。不能让这些怪物获得自由。"

在普京看来，虽然俄罗斯"改革"之父借助于这项模糊的政策给对手造成既成事实，但缺少协调一致的措施是致命的。他的大力改革确实有利于表达文化和政治诉求，但是这种巨大的变化蕴含着风险，而且对普通民众来说可能有点太突然，普通民众最关心的是温饱问题。1986 年 4 月发生的切尔诺贝利核电站爆炸事故则暴露了这个无力抵御现代工业风险的国家的所有问题。

根据普京的分析，戈尔巴乔夫这个"擅用手段且不按规则出牌的高手"，以牺牲经济转型为代价来支持政治改革（采取的第一项措施是打击酗酒，导致地下酿酒厂和黑市交易发展，让人联想到之前美国禁酒令导致的后果）。犯罪活动和相关产业愈演愈烈。由此开始了普京所称的"黑手党的美好时代"。

摆脱了专制控制的国有企业领导们——所谓的"红色大亨"——借机通过非官方渠道出售剩余产品并将盈利装进自己的腰包,而很多政党领导人把手伸向了经济领域。一场大混乱逐渐酝酿,非法商人趁机敛财。

作为改革派和保守派的妥协点,戈尔巴乔夫虽然代表着改革,却依然是领导集体之首。事实上,这位刚刚当选[①]的苏联总统无法接受自己新手上路的困境。这些事件令他忙于应付,他试图控制——或者说是操纵——他身边对立的两派人。

一切都不明朗。"我们陷入了混乱。"他意识到国家正面临前所未有的危机。一位亲克格勃的议员写道:"一个铁腕!一个斯大林!这就是我们所需要的!"戈尔巴乔夫对此呼吁没有做任何回应。但是私底下,他强调自己与"苏联各族人民的父亲"的遗产最终决裂,他用一种悲怆的语气反复地说:"大家都知道我不是一个独裁者。如果我真想那么做,我只需要守住我已经拥有的权力就够了……"

1991年,历史加快了脚步。1月7日,苏联红军的伞兵部队空降到波罗的海沿岸国家以防止苏联解体。作为回应,2月19日,反对派领袖鲍里斯·叶利钦号召"向苏联领导者宣战"。紧接着,格鲁吉亚宣布独立。4月底,戈尔巴乔夫在他的乡间别墅

---

① 1990年3月。

召集了支持"革新联盟"的各共和国的领导人。

苏联解体的前夕，6月，列宁格勒的市民选择通过公投恢复使用旧城市名：圣彼得堡（作为副市长，普京积极参与组织了此次投票，投票被视为对共产主义的否定，同时也是一种通往欧洲的新推动力，又不无对过去的留恋）。对于这座既是革命摇篮又是革命废墟的大都市，圣彼得堡之谜的最后的歌者、诗人约瑟夫·布罗茨基（Joseph Brodsky）写道：

> 静静地，凝固着，这座城市旁观着四季交替。……从某种意义上来说，在这座城市里，孤独并没有那么难以忍受，因为城市本身就是孤独的。想到这些石头与现在没有任何共同点，与未来的共同点就更少，人们略感安慰。这些建筑越是靠近20世纪初，它们就越显得高傲，傲慢地无视新时代及其烦恼。

当时普京很谨慎：他忠于他的上级、民主派市长索布恰克，但他用一种与日俱增的怀疑态度审视戈尔巴乔夫，眼见他失去了对形势的控制。初夏，几经踌躇，戈尔巴乔夫终于打算在8月20日，即原定的终结苏联条约签署之日，将克格勃主席和反对改革的部长们免职。克格勃的领导层很快得出了合乎逻辑的结论：启动紧急状态终止"改革"并造成既定事实，这是唯一可行的办法。和沙皇时代一样，这些手段也具有双重操纵背景的特征。民主派反对人士事实上也在克格勃内部安插了自己的线人。借助于此，改革派已提前得知一场政变正在策划中。①

由此，所有人都知道一场政变正在酝酿中：叶利钦、戈尔巴乔夫、索布恰克、美国人……空气中已经充满了政变的气息。然而，几年之后，公众一直都感到疑惑的是，为什么他们当时对自己所知道的事都保持了缄默？事实上，每个人都打着自己的小算盘，认为在这种混乱的形势下可以牺牲别人以便自己胜出。

8月4日，戈尔巴乔夫前往克里米亚半岛消暑度假。他出发后第二天，克格勃主席及其同谋（其中最主要的是国防部长和内务部长）组成了国家紧急状态委员会。在两个星期内，他们准备了一系列的特别措施来阻止联盟条约的签署。保守派指望以此赋予自己特殊权力并重建审查制度，但未能破坏西方阵营在戈尔巴乔夫身边所营造的民主气氛。同时，克格勃主席让人清空了莫斯科主要监狱的两层牢房，以接收身份重要的囚犯，而且一旦情况不妙，能为委员会在情报部门的总部建立一个堡垒。克格勃已经一切就绪。

8月18日，政变发动者最后一次试图说服戈尔巴乔夫宣布进入紧急状态。但只是徒劳。因此，他们将他"暂时性"软禁，翌日宣布他因"健康状况"无法履行其总统职责。政变发动者们很快就明白，陈旧的君主专制机器已经衰竭，没有任何倒退的可

---

① 莫斯科市长波波夫（Popov）与美国驻苏联大使马特洛克（Metlok）曾就该问题对话，并汇报给鲍里斯·叶利钦。"改革"意识形态家雅科夫列夫几次向戈尔巴乔夫谈论此事。我个人将此消息转告了索布恰克。

能。于是政变只4天就失败了，没有引发流血冲突。在这个拥有1万个核弹头、有着暴力传统的国家，这是个奇迹。与军事政变者们的目标恰恰相反，此次特别行动反而加速了苏联的解体。克格勃原本打算关押的7 000名改革者无一人被捕。

在这种戏剧化的时局中，普京保持着对上级索布恰克的忠诚，并帮助他组织抵抗，尤其是8月20日在圣彼得堡发起了一场反对政变的大型示威游行。

翌日，苏联如沙堡一般坍塌。被叶利钦释放的戈尔巴乔夫如惊弓之鸟一般回到了莫斯科。所有的苏联加盟共和国都宣布独立。布尔什维克们于1917年11月7日建立的政权至此持续了近74年……

说实话，从技术层面看，此次政变失败的原因很容易解释。老兵出身的国防部长亚佐夫（Yazov）早就警告过政变者："如果你们要朝人群开枪，我不会跟随你们。"因此，他的坦克开进莫斯科时都是没有弹药的，这实际上使政变发动者失去了军队的支持。这一失败也可以归功于鲍里斯·叶利钦的坚定，他于1991年6月当选为俄罗斯总统，确立了自己的合法地位。当他登上一辆坦克呼吁民众抵抗的时候，他已然为自己留下了一个具有象征意义的形象。

然而，1991年8月19日终究是注定的，因为它表明了斯大林体制的核心结构可以在几个小时之内从内部炸裂。今天，普京不太愿意提及这些事件，因为它们会让他想起苏联解体——他眼中"20 世纪最大的地缘政治灾难"。

1991 年 8 月 19 日的政变

苏联的濒死状态持续了 4 个月。12 月初，俄罗斯、乌克兰和白俄罗斯的领导人宣布苏联"不复存在"。

23 日，叶利钦和戈尔巴乔夫会面，确定权力交接事宜。数个小时中，被赶下台的总统向他的继任者转交了斯大林最后的秘密，其中有 1939 年与希特勒签署的《苏德互不侵犯条约》和 1940—1941 年间情报部门在卡廷屠杀波兰军官的资料。双头鹰被选为国徽，沙皇尼古拉二世及其亲信的遗迹很快在圣彼得堡被大张旗鼓地埋葬了（普京作为副市长亲自组织了这场仪式）。

鲍里斯·叶利钦承诺要带领国家摆脱共产主义的意识形态，但是其措施又一次地自相矛盾。一方面，他将新俄罗斯视为苏联的继承者；另一方面，他又将沙皇制度作为主要参照。其实，叶利钦已经决定偏重"民族和解",而非承认专制制度的罪行。1992年,莫斯科宪法法院所谓的"苏共案件"以不予起诉告终。但这场对纽伦堡审判的滑稽模仿却开启了通往延续俄罗斯历史的新斯大林主义道路,沙皇帝国到苏联再到俄罗斯,新斯大林主义将在普京统治下突飞猛进。至于目前的情报机构,它们宣称自己是其前任——克格勃——名正言顺的继承人……

"后共产主义"初期

未来总统普京的新生活开始了。他们夫妇在圣彼得堡市中心享有一套豪华公寓，并在城郊的乡下收购了两块3 000平方米的土地，在上面盖起了别墅。遗憾的是，别墅落成时，因为使用桑拿房而发生了火灾。普京一家人没有因此气馁，又在一个传言是坦波夫（Tambov）犯罪组织成员领导的合作社买下了一栋150平方米的乡村别墅，价值50万美元（这令经常批评副市长的那些人感到愤怒，因为他公开的工资并不足以负担这样的开支）。

普京与德国一直保持着紧密的联系。他经常和索布恰克一起出国，尤其是法国和意大利（除德国以外）。他们一起出访波恩时（1991年8月政变失败后不久），他还充当了翻译。他多次与赫尔穆特·科尔①会面，但都有索布恰克在场。

他曾有机会陪同过亨利·基辛格。普京承认自己隶属于克格勃，对方的回答令他感到吃惊："所有正直的人的起点都是情报机构！"一次，在机场召开有美国副总统艾伯特·戈尔参加的会议，美国领事馆的一名工作人员撞到了俄罗斯情报机构的一位将

---

① 他在自己的书中提到科尔时语气十分敬重。

军,普京通过外交途径表达了他的不满,这位外交官立刻被召回。

索布恰克经常出差,很自然地把权力委托给他的副手。普京因此迅速成为圣彼得堡真正的管理者,他首先掌管了对外关系委员会。他开始引入外国大银行。因为他的经历,他最早给德国公司以优待。很快,一切都在他的掌控中:行政部门、司法部门、酒店业、商业部门以及安全部门。

这段时间,他也成了众矢之的,因为圣彼得堡成了俄罗斯犯罪高发地,沦为坦波夫黑手党的地盘。当时的总检察长斯库拉托夫(Iouri Skouratov)曾宣称,普京从事与其副市长身份不相符的经济活动,但是他不能提供任何证据支持他的论断。

在整体腐败的环境下,普京"(却)并不贪图贿赂",Europa Plus 电台主席波林斯基(Georges Polinski)在对我讲述其集团在涅瓦河畔成立的传奇故事时如此说。然而不容置疑的是,普京与后来成为国家经济精英不可或缺的一部分的黑社会始终保持着联系。坦波夫集团控制了石油市场,事实上掌控了圣彼得堡石油公司的领导权,并通过银行控制着资本流动。此外,普京还毫不犹豫地求助于情报机构来保证索布恰克的安全,尤其是在 1991 年 8 月军事政变期间。①

---

① 1991 年 10 月 23 日索布恰克与笔者的谈话。

副市长有时候还愿意为外国客人充当导游，尤其是德国人。政变失败后不久，他陪同客人参观尤苏波夫宫（Ioussoupov）的时候，谈到了他对于拉斯普京（Raspoutine）在俄国广阔的历史舞台上所扮演的角色的个人理解。虽然这个西伯利亚人先后被视为神秘主义者、先知和精神领袖，甚至还"担任"过部长，但他最深切的愿望是帮助在可怕的世界里迷路的沙皇夫妇。普京肯定地说，关于权势通天的拉斯普京掌握国家领导权并像德国特工、犹太人甚或是撒旦一样有见不得人的企图的寓言故事是"20世纪最大的骗局"。

事实上，拉斯普京的命运与圣彼得堡特殊的局势紧密相连：沙皇俄国的衰亡、罗曼诺夫王朝的神秘主义、第一次世界大战。确实，这个人出现在宫廷的时候正值1905年第一次革命，预示着政权内部的脆弱；同时，在俄国专制背景下，他的出现也象征着沙皇夫妇特殊的心理状态，这是根本的一点。

拉斯普京生活离奇，融合了怪异的幻想和比任何虚构都令人惊奇的现象。他因此成了一个传奇，以至于他去世百年之后，成了历史上最邪恶的"超人"之一。说实话，他的名字总能引发不好的联想。"疯和尚"或"世纪厄运"这两个词经常用来形容这个靠魅惑沙皇夫妇而摧毁了整个帝国的人。俄罗斯人还发明了一个词来描述这种影响的特征："拉斯普京效应"，或"拉斯普京圈子"。

在这方面，我们还会继续看到普京是如何一步步地作为幕后人行动的。

叶利钦时代

1991年8月的莫斯科军事政变失败之后，有些思想传统的人认为政治警察的影响会随着苏联的解体而消失。但事实完全不是这样。

普京感到困惑。和很多同胞一样，他冥思苦想一个问题：如何能在数日之内走出70多年的共产主义和千年的历史？权力的行使从来都不依照法律，而是建立在沙皇意志（也经常受到各种影响）之上或是在布尔什维克的规则制度之上。

1991年12月，鲍里斯·叶利钦上台伊始就恢复了政治操纵的传统，破坏了透明性这一民主应有之义，娴熟地使用他赋予自己的特权。他身边围绕着"权贵阶层"，即那些有权有势又相互竞争的顾问，他利用他们的对立，不倒向任何一方。

实际上，每三个月，总统就会因身体原因不得不从公共视野中消失一阵，离开的时间也越来越长。这样频繁的旅居迫使大部分部长经常在莫斯科和"黑海伊甸园"索契之间往返，叶利钦在索契的生活几乎成了讽刺漫画。他服用一种由克里姆林宫的医生们精心炮制的维生素鸡尾酒，接受由高加索女医师的疗法启发而来的按摩，以使他能够以一种负责任的、有能力做决定并且强加自己意志的国家领袖的形象出现在公众面前。

青年叶利钦

那时索契正流行俄罗斯蒸汽浴（Bania），一种自无宗教的时代起就带着神秘色彩的传统桑拿。如果说拉斯普京喜欢有女子在场的桑拿，而叶利钦则更喜欢与朋友们一起，起初这让他在同胞们眼里显得和蔼可亲。

患心脏病之前，克里姆林宫的领导在泡澡方面遵循祖先的惯例：在热气腾腾中用桦树枝相互拍打，用冰水泡澡之后去雪上运动，最后，来一大杯伏特加或冰啤酒。普通百姓喜欢想象自己参加俄罗斯蒸汽浴这种高雅聚会，而那些野心勃勃又会阿谀奉迎的人以能够参加这个门槛极高的俱乐部为荣，很多重大决定都是在这个被称为"俄罗斯蒸汽浴网络"的封闭的俱乐部里做出的。受到邀请加入则意味着属于圈内人，享受由此带来的好处。自1991年开始，某些总统的浴友因此而获得如闪电般迅速但却昙花一现的升迁。反过来，如果不再受邀，则必然说明已经失宠。叶利钦的亲信科尔扎科夫（Korjakov）用了四年时间从一个卫兵升到了将军，成为总统府卫队队长，还掌控着一个真正的秘密政府，控制俄罗斯总统所有的活动，一直到他1996年6月被免职。他能在一些远远超出他经验和能力范围的国家事务中影响叶利钦，并且在国家重要决定上有着很大的影响力。

成为灰衣主教的前卫兵却没有大权独揽：虽然叶利钦身边围绕着一整个圈子，就是我们前面提到的所谓拉斯普京圈子，但他知道如何利用这些人，或者说这些不同势力之间的竞争。

对这种独特的管理艺术过早地下结论也许会是个错误。在克里姆林宫的暗地里，在骗人的表象后面，经常能够发现真实的鸿篇巨制。这些无所不在的普通顾问难道不正是一股正在填补旧制度崩塌所遗留空白的更有影响的力量吗？

普京憎恶这个时期，讥讽其为"闪亮的20世纪90年代"。处于圣彼得堡市政府这一得天独厚的观测点上，他意识到，在骗人的把戏后面，俄罗斯真正掌握权力的是一个七拼八凑的联盟。乱糟糟加入其中的有知名的小集团、隐秘的商业网络、情报部门、军事压力集团，总之就是源自苏联高层的一个政治金融大杂烩。

克里姆林宫既是一个各方对峙冲突、相互厮杀又不断重组的政治舞台，又是一个维护和投射正常权力形象的国家橱窗。这个形象应由总统来体现，不管他是不是行动不便。

这些压力集团（尤其代表了天然气、石油产业以及黑手党和前克格勃）所使用的幕后人的传统手法取得了胜利。操纵和捏造假消息，搅浑水和走捷径，挑衅、敲诈和拜占庭式的阴谋，这一切替代了正常的民主游戏。然而，普京很快发现，这一场景中有一个严重问题，即以金融手段为基础的前所未有的腐败。

为什么这些权势集团如此富有？这些令人难以置信的巨款从何而来？在戈尔巴乔夫统治时期已然出现了新的权力中心，其与传统黑手党以及拥有雄厚金融实力的新犯罪组织联系越来越紧密。

在那个时期，私有产权还不存在，国有银行严格限制货币的流动。而媒体却获得了自由，针对克格勃的压力似乎减轻，党派的角色受到了削弱。在立法不足的背景下，经济在混乱中发展，给苦于缺乏高效投资的犯罪组织提供了前所未有的运作空间。

我们已经看到，戈尔巴乔夫实行的自相矛盾的经济政策给了"产业大亨"们在苏联时期从未有过的高度自主权。出口企业的领导们从此实际掌控了其外汇收入的管理权，并经常挪为己用。按照普京的说法，在戈尔巴乔夫任总统的最后一年，超过1 000亿美元流向海外。在叶利钦执政期内（1991—2000年），每年有200亿美元流入西方国家。这是世界经济史上史无前例的资金流失。

这个国家的代表人物们的曲折命运只是冰山一角……

"我被任命为亿万富翁"

1991年，一些亲叶利钦的年轻经济学家力主俄罗斯企业私有化。8月发生的政变则是促使政府着手这场激进改革的原因，这场政变清楚地表明当时一部分政界人士拒绝改革。

　　今天，普京严厉批评那些曾推动俄罗斯经济全面私有化的外国顾问，尤其是美国人。对改革派来说，需要激发足够深层的变化，来使一切（朝着共产主义制度的）"倒退"不论在技术上还是政治上都不可能实现。从这个角度看，1992—1994年的私有化是成功的。但在普京总统看来，这一进程完全是暗箱操作的。"我被任命为亿万富翁。"普通百姓的玩笑话说明了俄罗斯国有资产大甩卖是如何进行的。在"改革"过程中就已经发家致富的政党领导人、前部长们和党的高层们，一夜之间变身为银行家或商人，并在称他们为"合法亿万富翁"的克格勃的支持下，成为经济各领域的实际所有者。

　　在此背景下，1993—1996年间，作为圣彼得堡第一副市长的普京日常工作中要与三种典型的俄罗斯经济主体打交道：下海经商的前领导人、黑手党和新独立商人，最后一类明显是少数。根据社会学家尤里·勒瓦达（Iouri Levada）的调查，他们占15%～20%，而且还早晚都将被迫受到前两种人的控制（分别占40%～

45%和35%~40%）。按照国家杜马安全委员会副主席亚历山大·库里科夫（Alexandre Koulikov）的估计，圣彼得堡40%的私有企业、高达60%的国有企业以及50%的银行都受到犯罪组织的控制。

对普京来说，那个时期真正抹黑他的唯一事件是联邦德国情报机构联邦情报局（BND）的一份报告。这份报告发布于1999年，涉及他在圣彼得堡的活动。这份资料的原件从未公开，其信息来源也无人知晓，但德国记者尤尔根·罗斯（Jürgen Roth）和他的俄罗斯同行阿纳斯塔西娅·基里连科（Anastasia Kirilenko）把报告内容公之于众。① 它确认了一个已经公开的事实：普京担任卢森堡律师鲁道夫·里特（Rudolf Ritter）所经营的SPAG集团的志愿顾问直至2000年。柏林情报机构指责该律师曾为哥伦比亚毒贩洗钱。这份报告并未显示普京对这个集团的非法活动知情，但指出当时的圣彼得堡已经"充满来自西方的可疑人物"……

---

① 斯沃博达（Svoboda）广播电台，2014年1月。

"普京的方法"

"普京的方法"可以追溯到这个时期。副市长试着与每个人合作以避免只依靠一个派系。在不得不与黑手党维持关系的同时，他更倚重情报部门和圣彼得堡军区的将军们（在这个圈子里，普京这位克格勃中校要远比"西方化自由派"的索布恰克更受认可）。

对其管理最严重的一次指责发生在 1991 年 12 月。普京要求政府给圣彼得堡下拨总额为 1.22 亿美元的石油和有色金属的开发配额。作为交换，他必须要在物资匮乏的情况下保证圣彼得堡居民的食品供应。这场以物换物的结果很不理想：除了两货轮的食用油，再无其他。一个专门成立的调查委员会负责分析此次欺诈的后果，而普京差点遭到起诉。但是市长将责任归于未履行与市政府所签协议的商业组织。经过这件事情之后，普京自然很注重严守法律。从此，他会时常询问顾问们"这是否合法"。

另一事件也可追溯到那个时期，但直到 2011 年才被公之于众。1991 年初，普京领导圣彼得堡市国际联络部。凭借这一身份，他成立了一家进口医药物资的混合所有制企业 Petromed 公司，并委派一名前克格勃军官和前军事实验室老板谢尔盖·科列斯尼科夫（Sergueï Kolesnikov）共同管理，1996 年该公司被这二人收购。四年后，入主克里姆林宫的普京想起了他的朋友们。据说他提议为 Petromed 公司争取天价合同，条件是 35％ 的收益要转到一家名为 Lirus 的卢森堡公司账上，而据谢尔盖·科列斯尼科夫所说，普京拥有这家公司 90％ 的股份："全部属于持股人，不记名。"这位商人称，2000—2007 年，Lirus 的账户中至少如此积累了 5 亿美元。这笔隐形的财富让普京能够使用他人姓名购买了俄罗斯银行超过 20％ 的股份（这家银行由他的一个亲信管理）云云。

2011 年，谢尔盖·科列斯尼科夫将这些信息提供给美国的《华盛顿邮报》和英国的《金融时报》，这两家报社委托律师事务所研究此事。事务所指出，虽然没有掌握确实的证据来证明它们的推断（也就是说没有一份由弗拉基米尔·普京亲手签署的文件），虽然克里姆林宫进行了辟谣，但谢尔盖·科列斯尼科夫所说的似乎仍可信。

虽然此事一直为媒体所渲染，但目前为止尚未有任何实质性证据。[1]

---

[1] 参见《新观察家》2014 年 4 月 6 日。

叶利钦治下

1996 年，索布恰克在市长选举中落败，普京也丢掉了工作。为了找到一份新工作，普京可以利用莫斯科的总统府和政府内的关系网，包括几个曾在圣彼得堡工作过的人，尤其是副总理阿列克谢·波尔察科夫（Alexeï Bolchakov）和叶利钦 1996 年总统竞选活动负责人、极有影响力的阿纳托利·丘拜斯（Anatoli Tchoubaïs）以及他的自由主义经济学家团队。

奇怪的是，普京的第一个工作机会并非来自他的盟友，鲍里斯·叶利钦的后勤总管帕维尔·博罗金（Pavel Borodine）在克里姆林宫的部门里给普京找了个位置。丘拜斯负责总统办公厅时，普京的任命决定即将签署。当时，叶利钦刚经历了一次心肌梗死，正在住院治疗并准备接受一次重要的心脏手术。任命丘拜斯是为了在克里姆林宫总统办公厅安插一个亲信。

因为部门重组，本来给普京安排的岗位被裁减了。然而，丘拜斯没有忘记普京，提议普京在他的团队里负责公共关系。普京对此安排完全没有热情，但是苦于没有更好的选择，就接受了这个职位。政府的二号人物阿列克谢·波尔察科夫得知了他的沮丧，立刻召见了博罗金。

由于这一决定性的支持，普京最终被提拔为博罗金的副手，掌管总统办公厅总务局，负责法律事务和俄罗斯海外的资产。这就是普京的第三张面孔了。

这个机构管理的财产（前共产党留下的遗产）是庞大的：300万平方米的办公室（俄罗斯首都所有的官方建筑），2 000套乡村别墅，同等数量的公寓，大量的建筑用地，酒店产业和分散在78个国家的大批房产，政府的疗养院，官方的汽车园区，总统府的航空公司，还有国家电视台转播站。

普京一家人就这样在莫斯科安顿下来。柳德米拉并不为这次升迁感到高兴。但在那儿生活也是有好处的，尤其是对他的女儿们来说，她们上的是德国大使馆的学校，如今讲得一口流利而没有口音的德语。

这也许是普京晋升过程中最敏感的一个时期。就像在20世纪50年代对异见人士的迫害的问题上一样，普京总是反复强调自己对当时上司们可能签订的可疑合同并不知情。然而，那些年，他担任克里姆林宫总管副手这样一个战略性的职务，从1997年3月开始又担任总统办公厅监察总局局长。瑞士法官认为，这些合同肯定存在，普京的顶头上司博罗金在1996年6月到1998年7月期间将"区区"2 500万美元纳入囊中。[①] 博罗金是这场伴

[①] "日内瓦法官达尼埃尔·德沃（Daniel Devaud）认为，涉嫌欺诈的主要有三项业务：总统飞机、审计署和克里姆林宫的修缮。法官给出了非常详细的细节作为证据：这些工程首先虚高收费，款项进入一家名为Merkata的瑞士公司的账上，这家企业由俄罗斯人维克托·斯托尔波夫斯基赫（Viktor Stolpovskikh）管理，后者收受了4.92亿美元并将6 252万美元用于行贿。这些钱先通过马恩岛，然后流向日内瓦、卢加诺、苏黎世、根西岛和拿骚的账户。它们的持有人是位于塞浦路斯、列支敦士登、巴拿马或英属维京群岛的一些空壳公司。"（《观点》2000年9月22日）

随苏联解体的唯利是图热潮的代表性人物，这场热潮建立了将很多不同倾向的政界人士联系在一起的庞大的薪酬和交叉服务体系。

"天才们"把这种私人财富和国家财产间的混乱转化成了服务于叶利钦及其亲友的真正的政治战略，并创造了一种对叶利钦效忠的保障机制。这个强大网络渗透到国家机器的各个层级，下到办公室的小职员，上到大权在握的地区长官。

在叶利钦总统治下，普京似乎把注意力都放到了另一个同样腐败盛行的地方，那是详细披露 89 位联邦领导人个人情况的厚重卷宗。这些信息后来对他十分珍贵，因为它们被用于"说服"各省的掌权人物在总统选举时支持他。

重返情报机构

1999年7月20日，叶利钦的不知道第几位在位时间极短的总理①突然把普京召到机场，宣布任命他为联邦安全局（FSB）局长。据这位总理说，这位新任的情报机构一把手并没有因为这个消息而感到高兴，因为他不愿意"两次穿过同一条河流"。从形式上看，克格勃1991年起就不复存在了，而且其主席作为政变的主要发动者已被移交司法机关。

克格勃体系被拆分为数个不同的机构：FSK负责反间谍工作，FAPSI负责国外电子监控，对外情报局负责对外情报，安全保卫处负责权力机关，还有边防人员。从原有的70万人减到8万人，新情报机构的力量大大削弱了，其主要职责是打击黑手党、腐败和毒品交易。

然而，车臣武装冲突硝烟弥漫之际，FSK于1995年更名为FSB，即联邦安全局，由此不仅恢复了一部分从前的职能，还采用了过去那套用来对付异见分子的手段。当时的失误很多。1996年1月，达吉斯坦一个叫佩尔沃玛斯科伊（Pervomaïskoïe）的村庄被车臣武装分子劫持，联邦安全局精英部队参与解救行动，结

---

① 谢尔盖·基里延科（Sergueï Kirienko）。

果牺牲了百余人，而恐怖分子却逃脱了。

然而，克格勃非常成功地实现了转型。前克格勃军官们在外交、传媒、大型工业和银行机构中无处不在。到20世纪80年代末，他们已经成功渗透到主导影子经济的黑手党的所有重要机构中。

来到情报机构的总部，普京尤其欣赏克格勃军官们出色的适应能力。他自己不就是在忠实于老东家的同时实现了一次惊人的转型吗？事实上，他一直坚信，克格勃特工为在苏联解体后能继续存在做了充分的准备，他们比任何人都更早地明白苏联时代已经终结。他们一直与西方国家有直接接触，因而能够应对这些巨变。

特工们都转行到了在苏联废墟上建立起来的大型工业集团的安全部门。但克格勃的军官们也渗透到政党、银行以及克里姆林宫在避税天堂设立的海外企业中，在苏联解体时，情报机构曾在那里负责保护党的战争财富。①

作为情报机构的新任负责人，普京的实力并不在于其政治才能，而是他懂得充分运用其间谍生涯中学会的方法。叶利钦总统在他的回忆录中承认，当普京不惜用前途冒险帮助其前任上司、被无证据指控收受贿赂而被免去圣彼得堡市长职务的索布恰克逃

---

① Fimaco公司就是一个例子。该公司所在地英属诺曼底半岛的泽西岛，是一个真正的避税天堂。在1991年政变前夕收纳苏联国库财富之前，该公司的注册资本只有1 000美元。

亡国外的时候，他就已经被打动了。事实上，新上任的普京专程到现场监督了这次大胆的行动。前市长的"朋友们"花5万法郎现金租用了一架芬兰 Jet Flite 航空公司的私人飞机，并天衣无缝地安排了飞机出境。索布恰克就这样被免予起诉。在普京被任命为总理之后，这个案子也就了结了。

在此之后，弗拉基米尔·普京的升迁将取决于他与俄罗斯混乱时期另外两位主要活动家的三角对峙（让我们记住他们的名字）：鲍里斯·别列佐夫斯基（Boris Berezovski）和叶夫根尼·普里马科夫（Evgueni Primakov）。

金钱、关系网和腐败

有着方形的头、棕色头发、火炭一样眼神的鲍里斯·别列佐夫斯基 1946 年出生于莫斯科一个知识分子家庭。苏联时期,他事业成功,并且获得数学博士学位,成为科学院通信院士、统计理论和自动化控制体系方面的专家。

对他来说,一切也都始于戈尔巴乔夫时代。在那几年的转折期内,他常与工业界人士保持联系。别列佐夫斯基意识到巨大的经济动荡已经不可避免,他决定参与其中:"我天生更适合商业,而非科学。"

因此,1989 年他成立罗格瓦茨公司(Logo Vaz),积累了大笔财富。这家公司专门为俄罗斯最大的国有汽车制造企业伏尔加汽车厂(Avtovaz)销售汽车。为此,他以私人身份把这家汽车厂的负责人及其主要合伙人[1]纳入生意中。他的公司进行虚假的汽车出口:形式上,汽车应该销往国外,但其实它们被立刻就地出售,每月净利润超过 10 万美元。

---

[1] 伏尔加汽车厂的负责人卡丹尼科夫(Kadannikov)是罗格瓦茨公司的总裁,别列佐夫斯基是总经理。

汽车厂以低价甚至是赔钱的价格（3 500 美元①）供应汽车。顾客为订单支付 7 500 美元，而罗格瓦茨一年后才付款给汽车厂。当时的通货膨胀率在每年 1 000%～2 500%之间！不到 4 年，别列佐夫斯基借此积累了 2.5 亿美元的财富。

他向上攀升的第二步是将罗格瓦茨公司的股份卖给了一家名为 André & Cie 的瑞士公司，接下来又成立了数家金融公司：AVVA、Andava、AFK、FOK……这些公司的分公司分布在几个避税天堂（尤其是塞浦路斯和开曼群岛），另有一家是在爱尔兰注册，但主要在巴拿马经营的石油公司。这构成了一个相当复杂的避税和资本流出体系。

1991 年秋苏联解体之际，经济十分惨淡，企业业务混乱，国家急需进口产品（法律失序导致一些敏感产品也能出口）。别列佐夫斯基此时已经资金充足。于是他立刻开始进行大规模的进出口业务，尤其是在石油和有色金属领域。两周后，即 9 月 6 日，政变失败，他从家族的一位朋友领导下的对外贸易部获得了许可证。接下来动荡的几年中，他毫不犹豫地发起了多次金融金字塔游戏。②

20 世纪 90 年代初，他扩大了业务范围。首先从传媒业开始。别列佐夫斯基的公司摇身一变成了控股公司，成为俄罗斯第一电

---

① 据该公司一个名叫阿列克谢·尼古拉耶夫（Alexeï Nikolaïev）的经理披露。

② 如 AVVA 公司，其既定目标是制造出一个"人民的新汽车品牌"。这一计划并未实现，却使别列佐夫斯基又敛得 1.4 亿美元。

视台、地位略低的 TV-6 以及一家报业集团①的最大股东。其次，他通过俄罗斯航空公司（Aeroflot）进军交通运输业。他还通过收购许多被解散的政府部门的下属资产进入房地产业，还有银行业。最后是能源行业。石油方面，先是西伯利亚石油公司（Sibneft），后来是尤克西石油公司（Iouksi），都是他所控股的西伯利亚大公司；天然气方面，天然气行业老大——俄罗斯天然气工业股份公司（Gazprom）——的董事会主席是他的盟友②；电力方面，俄罗斯统一电力公司（RAO EES Rossia）则由他的另一位盟友、前副总理阿纳托利·丘拜斯管理。

1997 年，美国《福布斯》杂志如此提及别列佐夫斯基的辉煌时期：

> 根据莫斯科私人安保队的说法，别列佐夫斯基从事汽车销售业务时，曾与车臣有势力的犯罪团伙紧密合作，以控制莫斯科的汽车销售市场。

后来，当事人将《福布斯》诉至法院。杂志主编詹姆斯·迈克尔斯（James Michaels）对此毫不畏惧，他回应道："编辑部能够证明发表的每一个字。"这本杂志估算别列佐夫斯基的个人财富达到 30 亿美元。次年，这一估算由于俄罗斯经济危机而不得不下调（11 亿美元）。无论如何，这些数字都无法做到精确，因为新俄罗斯人的一部分财富来自秘密行业。

---

① 其中主要有《独立报》《新消息报》《星火报》。
② 当时的总理维克托·切尔诺梅尔金（Viktor Tchernomyrdine）。

私有化的人

别列佐夫斯基的方法可以总结为他的这个逻辑:"在苏联,企业是不能被'私有化'的,但是人可以。"他在20世纪90年代初曾如此解释。

他还说:"在世界的其他地方,需要钱才能生产商品,而商品又反过来可以赚钱。在俄罗斯,需要钱才能让国家把能够赚钱的事情交给你。"1996年11月,他向《金融时报》宣称:"七大金融寡头掌握着国家50%的财富……"

作为犹太人,他并不讳言曾拥有以色列护照,但当他首次担任政府职位时,他放弃了以色列国籍。别列佐夫斯基本人就代表着俄罗斯商业的拜占庭面孔。

他第一次涉足政坛是在苏联解体之后的1992年。叶利钦的笔杆子[1]当时想在西方出版由他主笔的叶利钦的《回忆录》。别列佐夫斯基找到芬兰的一家出版社,后者又与之协商了英文版、德文版和法文版的版权。预付费已经让这位国家领袖开始成为真正的有钱人,而且不是卢布,是"坚挺的外币"——100万美元。

---

[1] 瓦连京·尤马舍夫(Valentin Ioumachev)。

别列佐夫斯基被引荐给叶利钦之后,很快得宠。他与叶利钦的小女儿、野心勃勃的塔季扬娜联手,为她谋取个人财富,而她也将扮演"夜总会保安"的角色,根据家族"利益"来过滤他父亲的访客。①

1996年1月出现了一个新的转折。别列佐夫斯基从一个能干的掮客转变成了完全的参与者。共产主义和民族主义党派刚刚赢得1995年12月的立法选举。民调显示,共产党可能赢得6月的总统大选,而叶利钦似乎要败北。但是在达沃斯会议上,别列佐夫斯基成功说服其他7位俄罗斯主要银行家——他们的个人财富累计达到约100亿美元——押宝于叶利钦。按他的说法,只要组织好竞选战,选民就会本能地倒向正统派。

"我们能够筹集所需的费用。"别列佐夫斯基肯定地说,"不管怎么说,我们没有选择。我们了解叶利钦,我们知道他的思路。其他自由主义候选人成功无望,那只剩下共产党了。你们愿意让共产党执政吗?"

这个理由很有说服力。1996年3—6月,共募集资金约1.4亿美元,包括现金和"间接"援助,尤其是媒体被发动起来了。

叶利钦轻松地再次当选:在首轮选举中,他获得35%的选

---

① 叶利钦的女婿雷奥尼德·迪亚臣科(Leonid Diatchenko)被任命为西伯利亚石油公司的分公司东海岸石油公司(East Coast Petroleum)的总裁。别列佐夫斯基把塔季扬娜不谙政治的姐姐艾莱娜的丈夫瓦莱里·奥库洛夫(Valeri Okoulov)推上了俄罗斯航空公司一把手的位置。根据科尔扎科夫将军1994年底的披露:"鲍里斯·叶利钦的账户有超过300万美元。别列佐夫斯基负责管理叶利钦的个人账户。"(《莫斯科日报》1999年10月30日、1999年11月3日)

票,第二轮获得53.8％的选票。当然,支持者们获得了极大的回报。按照当时总统府安全厅反腐局局长斯特列莱茨基上校(Streletski)的说法,别列佐夫斯基和其他数十名寡头得到授权,获得了被压低价值的私有化企业的股份,数额达10亿美元。1997年7月,这些股份在莫斯科证券交易所上市,价值高达140亿美元!

大选获胜后,叶利钦手举鲜花庆祝

竞选活动的总指挥、叶利钦的女儿塔季扬娜,被推举为总统顾问和"总统公关负责人"。

克里姆林宫的教父

大选胜利之后，塔季扬娜权倾朝野。她的个人工作室——克里姆林宫 262 号办公室——凌驾于其他所有行政部门之上，从各部委到总理办公室，还包括总统办公厅和国家安全委员会，有点像以前的中央政治局对国家和党的机关行使着至高无上的权力。这一相似性是如此突出，以至于人们将这个年轻妇人汇集的一群幕后顾问——6 名成员，其中年纪最大的只有 40 岁左右——称为"新政治局"。

任何规则都有例外。这个例外就是 50 多岁的别列佐夫斯基。他不正是这群人中的资深者吗？

他身边最受宠信的是西伯利亚石油公司的总裁罗曼·阿布拉莫维奇（Roman Abramovitch），该公司是尤克西石油公司的主要企业。作为优秀的管理者，他的任务是组成一个"并行的金融集团"来强化罗格瓦茨公司，以平息那些对他们侵吞国家财富的指控。据说他负担了叶利钦家族大部分的日常开销。

铁路工程师亚历山大·沃洛申（Alexandre Volochine）曾在罗格瓦茨集团下属的不同公司工作。1997 年被"借调"到克里姆林宫，从 1999 年 3 月开始，他领导总统办公厅这个控制着俄罗斯联邦最重要机关的"国中之国"，旨在为叶利钦家族牟利的对大企业的分别控制行动就是由他协调指挥的。

阿纳托利·丘拜斯从 1991 年开始掌管几个重要部委，甚至还担任过副总理，是个西方人评价较高的自由主义人士。他主持了 1998 年之前的俄罗斯私有化运动。当时他刚刚被任命为俄罗斯统一电力公司的一把手。他在政治方面主要有两大资本：一是筹划了叶利钦 1996 年的再次当选，二是把弗拉基米尔·普京推到了一线。我们之前已经提过，普京担任了克里姆林宫情报机构的负责人（普京并不是"政治局"成员）。

记者出身的瓦连京·尤马舍夫先当过叶利钦的笔杆子，为他写过《回忆录》和很多讲话稿。接着，他又成了塔季扬娜最亲近的顾问，以至于在莫斯科人们用他们名字的昵称合称其为"塔妮雅-瓦利亚夫妇"。1997—1998 年，他被任命为总统办公厅主任。

塔季扬娜的姐姐艾莱娜·奥库洛夫的影响力非常有限，且姐妹俩并不和睦。

先后被任命为国家安全委员会副秘书长和独立国家联合体（CEI）执行秘书的别列佐夫斯基断定，叶利钦第二个总统任期最刻不容缓的问题是车臣停火协议（1996 年 7 月先由列别德［Lebed］将军签署）。

在叶利钦总统病情多次告急、最终不得不接受五处心脏搭桥手术这段时间，他的影响力达到了顶峰。1997 年，这位克里姆林宫的教父又再次发起了私有化运动，他将其阐释为在俄罗斯社会内部构建"大型利益中心"的手段，用以抗衡过去的领导团体所遗留的体制。然而，他寻求解决的主要是短期问题。也许这也正是他性格中最深层的特征。作为一个名副其实的操纵者，他懂得不断地考量力量对比关系的演变和局势的翻来覆去，以及各种新方法，但目的只有一个：保护眼前的既得利益，不顾一切地继续安坐于体制的获利者群体的金字塔尖。

在那个时期，别列佐夫斯基喜欢把自己与20世纪美帝国主义的大亨们相比，但这种比较让人难以接受。因为和福特或洛克菲勒不同的是，他没有创造或发明任何东西。他只是成功地当上了一个腐败集团的头领，处于国家权力的顶峰，创立了自己的帝国。

经济领域未发生任何转型。他掌控的企业并没有变得更有竞争力：他的俄罗斯社会电视台（ORT）制作的节目拙劣，他的俄罗斯航空公司服务日渐糟糕，他的首都储蓄银行（SBS-Agro）不幸倒闭，甚至他的帝国的花冠、石油巨头西伯利亚石油公司的管理也没有得到改善。

然而，他的对手们在一个根本问题上犯了错误，他们以为别列佐夫斯基只是一个像其他那些操纵政治的有钱人一样，一旦形势不对，就会带着二三十亿美元的积蓄跑到蓝色海岸隐居。这个寡头是一个懂得运用金钱的幕后人。他不仅是叶利钦统治时代的战略家之一，还想做总统的继任者。

1993年的宪法规定，俄罗斯总统最多只能有两个任期，每任四年，因此，"政治局"的核心问题是叶利钦继承人的人选（叶利钦已经分别于 1991 年和 1996 年两次当选总统)。别列佐夫斯基力主推出一位"年轻的尖子"上台,一个活跃、能干、富有魅力的人,尤其是对叶利钦派完全效忠的人,这个观点也被塔季扬娜采纳。1998 年春,谢尔盖·基里延科任总理,这是第一次尝试。但这一任命来之不易,国家杜马在第三轮即最后一轮投票表决中才批准总统的选择。

1998 年 8 月的金融危机导致这位 35 岁的年轻接班人下台。对于别列佐夫斯基来说,风向已经变了。他成了全俄罗斯人最憎恨的人。他不受欢迎的程度创下了历史纪录。鉴于此,叶利钦只好解除他独立国家联合体执行秘书的职位。于是,别列佐夫斯基决定去法国度几周假,他在《费加罗报》上不无恼怒地宣称:

> 我明白俄罗斯社会不接受我:我是犹太人,我很有钱,而且叶利钦总统在一个时期内还委我以国家公职。我是一个理想的靶子。

作为对他的回应,《费加罗报》引用了 19 世纪作家尼古拉·卡拉姆辛(Nikolaï Karamzin)所撰的 12 卷的《俄罗斯国家历史》。这本书描述了一位来到俄罗斯的游客,他问道:

"那这里到底发生了什么?"

"偷窃,偷窃,偷窃!"对方回答,一副逆来顺受的样子……

那几个星期,别列佐夫斯基在昂蒂布海岬过了段清净日子,等待暴风雨慢慢平息并思考如何反击。

这位俄罗斯政治界的靡菲斯特（Méphisto）[①] 将法国视为休整地。他能在那儿遇到其他一些"新俄罗斯人"，这些人因在巴黎、蓝色海岸以及上萨瓦省等地区人数众多而受到关注。他们通常严格遵守法国的法律，但只有一个例外，一位与别列佐夫斯基往来频繁的教父级人物是这样说的："（我们）所做的唯一违反法国法律的事情是地下扑克牌游戏。我们对欧洲的古老建筑太过喜爱，所以离不开它们。"

整个阿尔卑斯滨海省的沿海地区都受到俄罗斯政治海啸的影响。几十处高墙围绕的豪华别墅都属于"俄罗斯富人"。有时候能看到罕见的豪华轿车进入别墅后，沉重的大门又立刻关闭了。位于昂蒂布海岬高处的葛若普城堡（la Garoupe），新殖民主义风格的别列佐夫斯基的豪华别墅，估价约 1.4 亿法郎，却只卖了 5 500 万法郎。与它毗邻的地产以 9 000 万法郎成交。控制负责该交易的法国地产公司是一些分布在瑞士和卢森堡的公司，关系错综复杂。

---

① 歌德《浮士德》中的魔鬼。——译者注

秘密军团

虽然别列佐夫斯基需要保证自己在海外有一处休整地，但他也需要一股支持的力量，以影响克里姆林宫政治斗争的变迁。为此，他依靠的是秘密军团。在全国范围内，200多家私人安保组织控制着50多万人（根据莫斯科经济杂志《生意人》的估计）的准军事力量。它们在很多时候可以弥补国家在安全方面的欠缺。它们可以提供多项服务：跟踪、保护、运钱、特殊物资租赁（数十人在保护别列佐夫斯基）。

　　这些私人安保队拥有从部队购买或偷来的军火，甚至还有从海外获得的：马可洛夫手枪、卡拉什尼科夫自动步枪、以色列造小型轻机枪、RPG火箭筒和便携式导弹发射装置SAM-7，还有车辆、飞机和直升机。它们向商人、黑手党和国家提供服务。

　　它们的成员主要来自苏联体制下满是冗员的"安全部门"：克格勃、格勒乌（GRU）、军事警察（OMON）、内务部下辖部队。20世纪80年代的克格勃负责人维克托·切布里科夫就曾担任三家银行的安保顾问。前克格勃军官中最活跃也最受尊敬的可能是三星上将菲利普·博布科夫（Filip Bobkov）。他过去负责打击异见分子，后来成了Most银行集团安保部负责人。

　　当时，作为情报机构的领导，普京深信私人领域和公共领域之间的联系是不可避免的，因为它牢牢植根于俄罗斯政治操纵的传统当中：1927 年，斯大林曾和主要的"教父"们签署过一个协定，让他们借助眼线来告发那些成功逃离了政治犯集中营的可怜人。这是公共安全与秩序保卫部（Okhrana）早就采用的方法。

在戈尔巴乔夫时代末期和叶利钦时代初期，传统的"教父"（法律意义上的"窃贼"）就是私人安保领域的巨头。一直到 1994 年，他们才逐渐将业务导入商业中，利用私人安保队从事运送业务和充当打手。

私人安保队的繁荣是因为俄罗斯及外国的商人、银行家和企业家渴望得到保护。用当地的话说就是要"有一个屋顶"。这几乎成了打算去俄罗斯经商的人们的心结。为了在莫斯科销售汽车，别列佐夫斯基得到了一个车臣"屋顶"的保护。

私人安保队在一些最能赢利的行业经营得非常好，以至于，举个例子，如果想要成立一家与销售糖、酒，或者与赌博或石油有关的公司，没有"被罩着"，那是不可能的。

钱是不缺的，因为在这些"敏感"领域从事经营活动的俄罗斯企业利润非常高，而且俄罗斯合法部队几乎无力与之竞争。俄罗斯一项法律要求轻型武器拥有者向相关部门登记。虽然警察只掌握了为数不多的非法武器，但是却指出，在莫斯科的大街上有近 20 万人携带武器往来。

克格勃、格勒乌、警察和军队的退役人员继续为这些私人安保队输送庞大的人力。专门负责保护中央政治局成员的前克格勃军官们在安保市场上开价最高，而前阿尔法突击队和从阿富汗战场回来的伞兵也备受市场青睐。他们的政治取向会带来风险：一方面，这些团体曾被秘密警察渗透过；另一方面，他们所服务的商人与政权关系微妙。但不管怎样，这些私人安保队都将参与到克里姆林宫即将发生的无情斗争当中去了。

争夺国家最高权力的决斗

1998年秋，普京不得不面对他职业生涯中最大的挑战：与一个强大的对手对决。这个对手也是一个幕后人。

9月4日，病体孱弱的鲍里斯·叶利钦来参加国家杜马和联邦委员会主要人物出席的圆桌会议。① 前一天晚上，迫于女儿塔季扬娜的压力，他将前克格勃精英阿尔法突击队置于他个人指挥之下，这样等于承认了他担心会发生军事政变。相关商人们也随之将各自的安保部门置于预警状态。

当时，银行或是倒闭或是暂停营业，股市关门。央行行长刚刚辞职。市民按媒体的建议开始囤货，使得生活必需品先于其他物资售罄。在北部一个作为未来全面自由化经济样板的免税区，虽然物资没有出现匮乏，但是物价飞涨了300%。这一经济崩溃的后果是：各地区都开始自我封闭。西伯利亚的克拉斯诺亚尔斯克边疆区长官亚历山大·列别德将军意识到中央政权几近消亡，他甚至提出将核基地的控制权交给地方政府。

在一片死寂中，鲍里斯·叶利钦出席了圆桌会议，他深陷在椅子里。一名议员发现他"脸色比一周前跟比尔·克林顿一起出

---

① 他已经知道议员们将再次否决他任命维克托·切尔诺梅尔金为总理。

席新闻发布会时还难看"。格利高里·亚夫林斯基（Gregori Yavlinski）发了言。这位46岁的经济学家、国家杜马成员，是俄罗斯自由主义的倡导者之一。但他却并未因此成为亲叶利钦派。恰恰相反，他认为"平庸"而"狂妄自大"的国家元首正是1991年以来政治经济改革失败的罪魁祸首。

叶利钦料想到会有一场控诉，宁可不往他的方向看。但演讲者一开始讲话，他就改变了态度。亚夫林斯基首先提醒称，危机持续下去对国家可能是"灾难性"的，对任何人来说，不管是对于反对派还是对于总统一派，权力空白期的延长或是内战都没有任何好处。然后，这名自由主义议员问道："总理的任命需要满足什么条件？他必须忠于总统，因为总统是全体俄罗斯人选举出来的！"听到这里，叶利钦挺直了身子。经济学家接着说："他应当获得联邦安全委员会和军队的信任。新总理也必须取得国家杜马的信任，换言之，是俄罗斯人民的信任。他必须能够在国际上保护俄罗斯的声誉。"

然后，亚夫林斯基询问圆桌会议的其他参会者："你们同意我的分析吗？"

回答是一致的："同意！"

"那么，谁应该当总理？"

一片寂静。他又说道："我推荐一个人：叶夫根尼·普里马科夫。"

普里马科夫是戈尔巴乔夫时代最后的几个杰出外交官之一。他曾于20世纪80年代调整了苏联的中东战略，后成为前克格勃主席，又于 1996 年担任外交部长。对俄罗斯人来说，他首先代表的是国家意识，这是一个超越于混战之上并能被所有党派接受的人。一步妙棋。共产主义和民族主义党派鼓掌了，会议在一种安宁的气氛中结束。

为了"至高无上的国家利益"，普里马科夫同意领导政府。为了避免在银行系统危机的旋涡中丢掉权力，叶利钦违心地接受了任命。

有一件事情是确定的：克格勃至少是部分的回归已经提上议事日程。

反腐是这位以清廉出名的总理所偏爱的阵地。他立刻发动了对因其财富和多本护照而引起公愤的鲍里斯·别列佐夫斯基的攻击。对普里马科夫来说，别列佐夫斯基是一个必须要打倒的人，因为他象征着俄罗斯的绝对罪恶。

很少有任命能够这样令人大松一口气。在西方，政府和股市之间的互动是有益的。政治的天性就是讨厌虚无。普里马科夫有国家意识。对于俄罗斯来说，一个部分恢复专制独裁和统制经济的国家胜过完全没有国家。

他的双眸神秘莫测，神态温厚，双下巴，言语明了，老练而谦恭有礼。叶夫根尼·普里马科夫 1929 年 10 月 29 日出生于乌克兰基辅。"那时华尔街资本主义似乎已到了最后的危机时刻。"他有一天笑着跟美国国务卿沃伦·克里斯托弗（Warren Christopher）说。他的父母不久后定居在格鲁吉亚首都第比利斯，他在那里度过了童年以及一部分青少年时期。他考入了莫斯科东方大学（IVA），学习阿拉伯语和波斯语，后来又在 20 世纪 50 年代获得经济学博士学位，主攻阿拉伯世界。他后来就因此立刻成为外交官了吗？没有。他的事业朝着新闻方向发展，尤其是从 1959 年开始，他成为《真理报》的驻外记者。他常驻开罗，去过大多数近东国家。

当然，在苏联体制内，此类经历只有在克格勃的严密控制下才有可能实现。普里马科夫并不是一个普通意义上的"间谍"。他甚至都不是一个"有影响力的特工"：没有人要求他策划或处理有关公众舆论的行动。他的主要职责是与时任最高领导人或他们可能的接班人建立长期的个人关系。所以他成了一个真正的幕后人。为此，他在《真理报》上享有较特殊的言论和评论自由。

总之，他是近东政治操纵法专家，以至于他的外国朋友们将他比作苏联的劳伦斯·德拉比（Lawrence D'Arabie）。以此身份，普里马科夫出色地完成了他的任务。在埃及，他获得了纳赛尔的信任，还有萨达特和另一名年轻的空军军官胡斯尼·穆巴拉克的信任。他与后者在六日战争期间结识。在伊拉克，他首先与库尔德领袖穆斯塔法·巴尔扎尼结识，然后又接近了当时被视为反苏力量的巴格达阿拉伯复兴社会党人。他尤其看中当时的阿拉伯复兴社会党安全部门负责人萨达姆·侯赛因。"坚定到残酷，强势到近乎执拗。"他如此描述侯赛因。

1970 年从开罗返回时，普里马科夫被国家元首和党主席勃列日涅夫和他的总理阿列克谢·柯西金注意到了。他更成为新任克格勃主席尤里·安德罗波夫看重的人之一。安德罗波夫对"大萧条"和苏联体制的全面瘫痪非常清楚，他认为要补救这种情况，就得组成新的社会精英阶层，让他们受西方教育，毕业于法国国立行政学院或是美国的哈佛大学。莫斯科世界经济和国际关系学院是这项计划的关键要素。普里马科夫被任命为经济学专业的系主任。他最早的决定之一就是将资产阶级经济理论设为必修课程，从凯恩斯到米尔顿·弗里德曼……（这对未来俄罗斯改革的推行者盖达尔［Gaïdar］来说，是很有用的课程。）

安德罗波夫对普里马科夫很满意，所以 1977 年又推举他担任莫斯科东方大学的校长，那时候的东方大学对克格勃和格勒乌军官来说是一个科学中心和民用身份的掩护。普里马科夫让学校恢复了活力，他用深入的文明课程来补充语言学习，并组织西方式的头脑风暴练习，请苏联最好的专家就他们的观点进行辩论。安德罗波夫和葛罗米柯（Gromyko）[①] 参加了这些通常在外交部或克格勃基地进行的讨论。这种智力放松与对克里姆林宫路线的忠诚密切结合。1979 年，普里马科夫指责克里姆林宫的政要们，宣称在阿富汗的军事干预是一个巨大的错误并将以灾难结束，支持阿富汗行动的安德罗波夫感到深受伤害，他命令断绝克格勃和普里马科夫之间的所有秘密往来。[②]

其时已经 50 多岁的普里马科夫开始搭建自己的网络。因此，他关注盖达尔和阿塞拜疆共产党领袖阿列夫（Aliev）以及萨达

[①] 当时的外交部长。
[②] 卡鲁金（Kalouguine）将军的回忆。

姆·侯赛因等人的家族利益，萨达姆的数个亲戚都在苏联学习。然后他又获得了未来的俄罗斯"改革"意识形态家亚历山大·雅科夫列夫的保护。雅科夫列夫在1984年安德罗波夫过世之后将其引荐给米哈伊尔·戈尔巴乔夫，后者任命其为莫斯科世界经济和国际关系学院的院长。随后，普里马科夫成为苏共中央委员会委员、中央政治局候补委员，最终成为苏联国家安全委员会第一副主席。

戈尔巴乔夫的改革计划反而加速了苏联体制的解体，普里马科夫成为高层领导人的成功也很快以苦涩结束：他不得不处理苏联周边共和国的危机，尤其是他所深爱的高加索地区，还要与他在阿拉伯世界的前盟友和客户们重新建立联系。在1990年8月到1991年2月期间，他力求用更加平衡并相对有利于伊拉克的方式化解海湾战争的危机，而他的"表兄弟"和对手、格鲁吉亚外长谢瓦尔德纳泽则建议完全站到以美国为首的国际联盟一边。从短期来看，他的对手获胜了。但是更长远地看，普里马科夫在这一事件中树立了只关心苏联利益的真正爱国者的形象。1992年开始，作为前克格勃对外分支机构——俄罗斯对外情报局的负责人，他将此机构打造成为一个正在走向民主的国家的普通安全机构。事实上，普里马科夫很细致地保留了人员和结构，而他真正的目的（他逐渐地不再掩饰这一目的）是重新构建俄罗斯的实力。正是在他的控制下，对外情报局为在1991年独立的原苏联加盟共和国中加强亲俄力量做出了贡献。

他一边与伊拉克的萨达姆·侯赛因保持联络，一边又与伊朗改善关系,这有利于出售武器和购买石油。因此,对于20世纪90年代的阿拉伯和伊斯兰世界来说,他即使不是一个神话,也是一个象征:他象征着一个注定要重返大国地位、成为制衡美国强权并构建多极世界的反霸权联盟核心的俄罗斯。这接近当时在俄罗斯盛行的民族主义意识形态,而普京也采用了这一主题。

1996年初,普里马科夫接任外交部长。1998年4月,在一次政府部门改组时,叶利钦特地将他留任。因此,5个月之后他被任命为总理时,虽然是个意外,却也完全是一个符合逻辑的结果。

普里马科夫所偏爱的反腐斗争使他成为克里姆林宫派系和鲍里斯·叶利钦家族及其亲信们最危险的对手。

1998年秋,普里马科夫任总理两个月后,总检察长斯库拉托夫展开了一项牵涉多名叶利钦"家族"成员的腐败案调查。他与瑞士检察长合作开展的追查引发了一桩骇人的大丑闻,成为叶利钦体制最后几个月的标志性事件。调查显示,为了得到大型建筑工程,比如克里姆林宫的翻新和为俄罗斯官员建造豪华别墅,一家名Mabetex的公司曾向鲍里斯·叶利钦的亲信行贿。另一项调查则与俄罗斯航空公司涉嫌洗钱有关,牵涉到别列佐夫斯基,而且别列佐夫斯基还是一份逮捕令的逮捕对象。

克里姆林宫决定采取强力办法解决这一事件。普京被委以一项"非常特别"的行动。普京在电视上投放了一枚真正的传媒炸弹,让人们看到一个"与总检察长相似"的人正与两名妓女纠缠不清。法官的名声就此被毁，他的调查也很快撤销……被击中要害的普里马科夫这次利用西方媒体的宣传，放任猛烈抨击叶利钦"家族"的政治—司法炒作蔓延开来。但是他的做法迫使对手们进行反击，惊恐的塔季扬娜将此事全权交给了别列佐夫斯基处理。

由叶利钦亲信中的特权贵族组成的"政治局"认为已经输掉了这一局。塔季扬娜甚至私下和普里马科夫商谈全面特赦事宜。而别列佐夫斯基从一开始就排斥这个方案："如果失去权力，我们就死了。没有什么宽恕，也没有什么权力交替。我们不是在欧洲，这里是俄罗斯。永远不要忘记这点。"

这位寡头以普里马科夫上了年纪为由大做文章，并建议再次采用任命"年轻总理"的策略。然而这次有一个改变：既然总理打的是民族主义的牌，就应该在这个方向上比他走得更远。此时，别列佐夫斯基第一次提出用普京来取代普里马科夫。1999年春，北约出兵科索沃将是反转的机会。别列佐夫斯基知道怎样让他的理由引起总统的注意[①]："普里马科夫属于上一个时代。他岁数太大，而且身体不好……他太红色[②]了。"

别列佐夫斯基还警告普里马科夫的西方对话者们："普里马科夫是苏联帝国的悼念者。"同时，他还勾勒出叶利钦继承人的画像："我们需要一个坚定的年轻人，知道如何保持冷静，沉着

[①] 主要是通过塔季扬娜和沃洛申，后者以前是罗格瓦茨公司的合作者，刚刚被任命为总统办公厅主任，还有尤马舍夫——叶利钦的笔杆子和顾问。

[②] 叶利钦后来在他的《回忆录》里使用了同一个字眼。

从容，能够坚持到底。"叶利钦对他的观点表现出前所未有的关注。

一直到1999年2月，叶利钦"家族"还抱着与普里马科夫达成交易的希望。但是那年春天，普里马科夫表露了想当总统的野心，并想重新起用戈尔巴乔夫的政治精英，这损害到了叶利钦亲信的利益；他还开始毫无顾忌地利用将他置于公众舆论焦点的民族主义浪潮。

由于年底的选举期限快到了，需要找到一个重回舞台中央的办法。车臣为他们提供了一个真正的摆脱困境的机会。而这一卷宗将由叶利钦情报机构的负责人——弗拉基米尔·普京——来处理。众所周知，他和普里马科夫私交甚差（当时，普里马科夫曾指控普京派人跟踪他）。

就像我们刚刚所看到的，普京已经在令总检察长信誉扫地这件事上完全展示了他的"高效"。因此，叶利钦总统将他推向了舞台前方，1999年3月29日任命其为联邦安全会议秘书。

车　臣

车臣是那个时期的一个污点，就像阿尔及利亚摧毁了法兰西第四共和国一样，它破坏了俄罗斯的形象。这个问题至今悬而未决。

事实上，高加索是苏联的一个地区，由于行政管理的原因和斯大林的意愿，它留在了俄罗斯版图内，但和相邻的、已经独立的阿塞拜疆一样，它与俄罗斯有民族差异。出于防范之心，斯大林不愿把高加索各部族整合在一起，所以该地区就被划分成很多小自治省或共和国。由于该体系运转不良，高加索在 20 世纪 30 年代德国军队逼近时，就开始出现了局部的叛乱。

的确，有部分车臣人与纳粹分子合作，使他们得以占领该地整整一年时间。但是之后斯大林将整个车臣民族以及同样为穆斯林的印古什人一起驱逐到哈萨克斯坦和乌兹别克斯坦地区，此举违反了所有的国内法和国际法。虽然不是种族屠杀，却无公平公正可言。其他共和国，如达吉斯坦，没有遭遇同样的命运，只能说它们更加温顺……

1957 年，赫鲁晓夫决定允许车臣人回归家园。然而，错已铸成：坚决反俄的车臣人在北高加索组成一个反俄核心。当"改革"让他们有机会抬头的时候，出现了一个令人难以置信的人物——焦哈尔·杜达耶夫（Djokhar Doudaïev）将军，苏军某重要空军基地的统帅，他摇身一变，成了车臣的亚辛尔·阿拉法特。

叶利钦方面打算与他们一步一步地谈判……虽然第一次尝试不幸失败，没有任何结果，却促成了1996年第二轮谈判①和车臣的独立，但独立并不是出于车臣人和解的意愿，而是流氓性和反俄攻击性升级的表现。

第一次车臣战争中的俄军士兵

最终，当联邦安全会议秘书普京也许正等待挑衅的时候，车臣人入侵了邻国达吉斯坦，他们支持受到"基地"组织煽动而暴乱的瓦哈比教徒。第二次车臣战争爆发了。与第一次不同，这回

---

① 俄罗斯将军列别德参加了谈判。

不是由俄罗斯挑衅而起。认为俄罗斯军人对车臣的无辜平民实施了暴行，这是错误的认知。这其实是一场民族争端。俄罗斯西化的知识分子已经意识到这点：

> 尽管俄罗斯很长一段时间内会被孤立，会被猛烈抨击，而且会意识到自己的弱点，但普京不会对北高加索做任何让步。俄罗斯处于重建大国力量的时期，它的处境就像法国一样，放弃阿尔及利亚对于居伊·摩勒（Guy Mollet）来说是不可以的，而对于戴高乐将军却是可以的。那么问题就不在于是不是有可能不把这个地区让给"基地"组织，而是与达吉斯坦、印古什和其他共和国一起建立一种北高加索的邦联制度，由拥有一定保证能力的亲俄人士领导。①

在此之前，还有很多工作要做。战争还在继续，恐怖事件也一样。虽然为俄罗斯在北高加索武装力量的瓦解感到痛心，但坦率地说，我好奇的是怎样的高人才有办法终止冲突。虽然俄军拥有勇敢的士兵，但受到腐败影响，他们在战场停留多年而得不到晋升，军队内部分崩离析。一旦俄军表现出无能为力，就只能走叶利钦的老路，向车臣人让步。

因此，战争还要继续进行，不可避免。我们无法想象俄罗斯——不论谁当政——会放弃北高加索而听天由命。再说，大部分当地民众在这个问题上也是观点不一。民众并不愿意成为主战

---

① 帕维·龙根（Pavel Lounguine），著名导演，戛纳电影节金棕榈奖获得者。

派的人质，因为他们缺乏开放的思想，也没有能力为该地区提出一个建设性的方案。

经济方面的危机也显而易见：民众日益贫困，失业率居高不下。这就又回到了问题的症结所在，那就是在这个"伊斯兰运动"浪潮能顷刻间让事情失控的时刻俄罗斯的发展。局势紧张的不仅是北高加索，而是整个中亚。一旦局面失控，就有利于"基地"组织。形势已经如此危急，不能再低估我们所面临的风险。对阿拉伯世界冲向自由的步伐采取和解的态度，那简直太天真了。同样的剧情也可能发生在北高加索，可能会导致伊斯兰极端势力控制该地区，这对欧洲来说很危险。

普京成功背后的故事

1999年春，北约轰炸南斯拉夫联盟共和国期间，俄罗斯舆论变得越来越民族主义和反西方。叶利钦一派意识到可以依靠并操纵爱国主义来获利，认为在高加索打一场小胜仗于己有利。

　　但当时的车臣共和国对莫斯科来说是个很棘手的麻烦。其总统①在好战的"伊斯兰运动"升级时无力控制局势。在这种情况下，普京采取了牵制战术，让"伊斯兰运动"分子进入与高加索地区比邻的小自治共和国达吉斯坦，为他对车臣独立分子再次发动战争制造了借口。

　　弗拉基米尔·普京参加了1999年3月底讨论车臣问题的会议。② 最终采纳的方案是采取军事措施，围绕车臣建立一个"隔离带"。（进一步说，不管是俄罗斯还是西方的反恐专家都认为，这条隔离带是稳定局势最好的办法。）方案还计划关闭车臣与俄罗斯其他地区的边境，在捷列克河左岸建立缓冲区，并严格控制

---

　　① 阿斯兰·马斯哈多夫（Aslant Maskhadov）。
　　② 普京当时一直负责反间谍工作，并兼任联邦安全会议秘书。内务部长谢尔盖·斯捷帕申（Sergueï Stepachine），国防部长伊戈尔·谢尔盖耶夫（Igor Sergueïev），俄军总参谋长阿纳托利·克瓦什宁（Anatoli Kvachnine）都参加了此次会议。

与格鲁吉亚的边境（进入车臣的必经之路）。与会人员还强调，要在最短时间内建成巴库—新罗西斯克（Bakou-Novorossisk）石油管线的北部分线，以避开当时穿越车臣地区的线路。

4月5日，鲍里斯·叶利钦任命普京的一名亲信[1]为内务部部队司令。然而，总理普里马科夫预感到此次战争升级将会导致他下台，所以拒绝拨付需要的资金以推迟行动。在这种严峻的形势下，叶利钦使用了他的特权予以反击。他首先禁止普里马科夫插手南联盟问题，任命切尔诺梅尔金为该问题专员。5月，他解除了普里马科夫的总理职务并代之以平庸却忠诚的谢尔盖·斯捷帕申。别列佐夫斯基和克里姆林宫的朋友们终于松了口气。但是局势仍然棘手，新上任的总理试图与一直处在民意支持率高点的普里马科夫寻求和解。

在被解职之后，普里马科夫的选举基石开始成形，他得到了莫斯科市市长的支持。全国范围内的支持委员会开始组建，以支持他的俄罗斯复兴计划。对寡头们和克里姆林宫来说，形势似乎又重新变得让人绝望，他们因为叶利钦的亲信被曝参与数十亿美元的洗钱而受到重挫。立法选举将于12月举行，而总统选举在6个月之后，克里姆林宫各派系都明白自己即将失去权力。他们需要快速找到办法来扭转局势。

早在几个月之前，别列佐夫斯基身边就有人提议去找车臣武

---

[1] 奥维金尼科夫（Ovtchinnikov）将军。

装头目巴萨耶夫（Chamil Bassaïev）——分裂分子的头面人物。1996—1997年，他还是别列佐夫斯基的生意伙伴。他是策划一场"小型战争、边境冲突、烟火表演……警察与小偷大型游戏"的最佳人选。

此事于1994年7月中旬在法国蓝色海岸一个富有的沙特军火商的别墅中谈妥[1]，有三人参与其中：前格勒乌（军事情报）军官、曾在1992—1993年阿布哈兹战争中监视巴萨耶夫兄弟部队的安顿·苏里科夫（Anton Sourikov），"伊斯兰运动"成员巴萨耶夫（乘坐悬挂英国国旗的船只前来）和当时的俄罗斯总统办公厅主任[2]。阴谋家们首先就行动计划达成共识："一开始要在车臣边境制造点小摩擦，然后巴萨耶夫占领达吉斯坦南部地区。"有迹象与这些情况相符：为了使车臣人相信发起进攻很简单，俄罗斯国防部撤回了部署在周边地区的部队。

接下来，俄军开始行动，驱逐巴萨耶夫的队伍，并借此进入车臣。……这一切需要相当长的时间，整个国家的运行将进入备战状态……在此期间将发生权力更迭，被任命为总理的将是一位"俄罗斯的救星"。

对别列佐夫斯基来说，这是推举克拉斯诺亚尔斯克边疆区长官列别德将军来扮演"俄罗斯的救星"的好机会（1997年他曾资助这位将军竞选总理）。

---

[1] 就如别列佐夫斯基自己所确认的那样。
[2] 亚历山大·沃洛申。

这个场景中的两大要素已经被多方一致确认：克里姆林宫的政要们希望利用车臣战争来影响俄罗斯的局势，而别列佐夫斯基在利用他与车臣武装领导的特殊关系。因此同时出现了两个并行的运作：一个由寡头导演，另一个由军人们导演。这里，提一下军人方面，说一说总参谋长阿纳托利·克瓦什宁扮演的角色。他是普京当时的忠实盟友，十分憎恶列别德。

这位不苟言笑而又固执的将军实际上负责这个骗局中的军事部分，他在车臣还有仇未报：他曾在1995年第一次车臣战争中多次受挫。在第一次进攻（1999年8月初在达吉斯坦，实际由巴萨耶夫指挥）之后，克瓦什宁拒绝执行别列佐夫斯基规定的任务，从事实上阻挡了车臣武装领袖。根据我们得到的消息，另一位寡头①也想阻挠原始方案，强烈反对列别德将军作为总理候选人。

所以事态并未按照别列佐夫斯基计划的那样发展，一个从那年春天起秘密形成的新权力中心改变了它的方向。这个权力中心就是由普京领导的情报机构和军队部分中坚力量组成的联盟。

就这样，这场政治教父们所愿意看到的黑暗势力游戏把普京推到了舞台中央。

---

① 自由主义者阿纳托利·丘拜斯。

政治支持

最早支持普京的是参与这场定制的车臣行动的军人，这一行动牺牲了7 000名俄罗斯士兵。作为交换，俄军统帅希望与国家领导层联合起来，实施"大国"政策：重新武装，至少局部上重建苏联"反霸权"战略，即反美战略，这意味着尤其要与苏联的传统盟友——古巴、伊拉克、朝鲜、伊朗、印度，还有中国——建立更广泛的合作。中国尤其擅长此类合作，特别是在军事领域。

接下来，是他的同僚们。前克格勃军官们帮助他们的同伴树立了权威，巩固了权力。经过数年的羞辱、阿富汗战争的失败、人员和财力的减少，克格勃和军队希望重新在政治格局中占据重要地位。

再然后，是那些"政要"，或是"寡头"。前文已经提到，这些商人在叶利钦体制的庇护下积聚了巨额财富。像俄罗斯天然气工业股份公司这样的大型经济集团的高层们一直跟克里姆林宫保持密切联系。虽然这个群体内部也有不同意见，但总体上是支持普京的。按他们自己的说法，他们对普里马科夫再次质疑私有化成果这一可能性感到非常"恐慌"。

第四类支持者，也是最后一批，是传统上与克格勃官员往来甚密的共产党人的秘密支持。这并非不合逻辑。正式地看，共产党领导人久加诺夫（Ziouganov）是普京的主要对手。但二人达成合作基于一个共同利益：对普京来说，这可以调动 2/3 的选民支持他，这部分选民顽强地反对 1917 年的制度；而对久加诺夫来说，正好相反，这是他在剩下 1/3 的选民中加强影响力的机会。

普里马科夫昙花一现的继任者斯捷帕申未能扭转形势。1999 年 8 月，弗拉基米尔·普京接替了他。普京向叶利钦做出了所有必要的保证，保护他不受针对他家族的政治和司法攻击。他将与普里马科夫周旋到底，而叶利钦也明白这一点。

俄罗斯总统这样描述了他选择普京的理由：

> 最重要的一点是他在政治上立场坚定。……普里马科夫曾想将联邦安全局置于其麾下，但两人的各种摩擦没有让普京动摇，他明确拒绝成为政客们操纵下的玩物。

普京的新职位赋予了他巨大的权力，他可以借之影响地区行政长官和大企业领导。这么一来，总统竞选道路上的障碍已经被扫清；当前需要做的是保证得到选民的支持（叶利钦的支持率已经跌到 1%）。

1999 年 8 月，在莫斯科和外省发生的一系列流血事件（共死亡 293 人）引发了民众对安全和合法性的呼吁，从而改变了局势。普京在寡头们的协助下已经实际控制了所有媒体，他在电视上严厉指出，车臣对此要负责任。虽然他不能提供有力的证据，但这并不重要，因为事件正在加速发展。

9月23日，在一系列袭击后形成的舆论支持下，俄罗斯对车臣分裂分子发起了新一轮进攻。

普京已经巩固了自己的地位：这场冲突加强了他与军队的联盟。在情报机构顾问的帮助下，他操控媒体，巧妙地利用了民族主义浪潮。顾问们强调他的年轻（与叶利钦日渐衰弱完全相反），突出总理对于俄罗斯复兴的执着，并根据民调，将他与俄罗斯历史上最受欢迎的两个人物相提并论：彼得大帝和克格勃前主席安德罗波夫（前者象征着俄罗斯的强大，后者象征反腐斗争）。

11月，"隔离带"行动实现了所有目标。战争本可以就此停止，但在两大利益交汇的作用下，战争还在继续。军人们想要复仇，而克里姆林宫想利用战争来保证选举胜利。此次军事干预不仅让莫斯科在车臣重新站稳了脚跟，保住了在高加索的战略优势，还粉碎了除普京之外其他候选人的机会。普里马科夫甚至退出了总统大选。

最后的倒计时开始了。在车臣的战斗日益紧张，成为一场再征服之战。表情冷峻的普京承诺要取得全面的胜利，用他的话来说，就是："把车臣恐怖分子溺死在便池里！"短短几周，受经济危机困扰和苏联解体以后俄罗斯大国地位丧失而感到屈辱的舆论迅速向他靠拢。普京的支持率从1%一下子升到了70%的历史新高！到10月底，他已经稳居民调第一名。在11月的最后几天，为支持他而专门成立的新政党①的支持率实现突破，赢得了 1999 年 12 月的立法选举。别列佐夫斯基想通过资助该党以求入伙，但无果而终（他承认是通过他在瑞士的公司使用俄罗斯航空公司的资金）。这位寡头在莫斯科感染了病毒性肝炎，最终出局。

2000 年 3 月，联邦军队掌握了对车臣大部分地区的控制权。

国家很快恢复了经济增长，尤其是作为俄罗斯财政主要来源的石油的价格飞涨发挥了作用。在此背景下，西方的债权银行免除了俄罗斯的部分债务：160 亿美元，相当于苏联一半的债务。这对克里姆林宫的新领导人来说是一份重礼。

在这个时期，普京这个人物还保持着神秘。舆论想知道他到底是一个什么样的人。一个小马基雅维利？一个贪恋权力的低调的情报人员？还是上天派来复兴俄罗斯的政治家？

---

① 统一党。

多面人物

从技术角度看，接任叶利钦的问题是突如其来的。1999年10月初，普京被迫推迟了部长会议。叶利钦出人意料地召见了他。几名部长立刻警惕起来：新政府首脑难道只能在位3个月？但叶利钦只是通知总理他决定提前退休。

总统的决定立刻被作为国家机密来处理。普京自己也很犹豫该如何应对。一直感情用事的叶利钦，是一个完全无法预料的人：他可能会突然改变主意，弃之不用，就像之前对待众多的权力觊觎者那样！

新千年来临前两天，叶利钦邀请他的"继承人"到克里姆林宫进行权力交接。普京认为，他们之间从没有过特别的亲密关系。两人之间的关系最多只算得上友好。普京从来不是叶利钦的狂热崇拜者，而叶利钦也几乎没有对这位后辈有任何父辈的感情。两个人都很务实，他们的日常交流也就自然地保持了这一基调。说实话，叶利钦一点都不关心总理的心理活动。而事实上对普京，跟对其他所有人一样，他只要求无条件的服从。简言之，叶利钦只是问普京是否准备好担负起国家命运的重任……普京回答："是！"

1999 年 12 月，叶利钦（右一）以身体为由请辞

1999 年 12 月 31 日，鲍里斯·叶利钦宣布辞职并指定普京接任。三个月之后，2000 年 3 月，这位候选人在第一轮选举中当选俄罗斯总统，甚至都没有阐述他的行动纲领，特别是在经济方面。应该说，他知道怎样联合尽可能多的力量。他打破了左右派的界限，发表了一篇笼统的讲话，呼吁观点不一的选民们"复兴俄罗斯，恢复垂直权力体系，并坚持依法专政"，确立了他这个有多重面孔的智者的声誉。

就像我在本书的开篇就写到的，这个感受在选举前就给我留下了深刻的印象！仅仅一个晚上，我就像在观看演出一样，看到这位奇特的圣彼得堡副市长不停地变换面孔。第一眼看去，普京是个土生土长的普通圣彼得堡人。只有他的眼神让他看起来与众不同：在表面的冷漠之后，钢蓝色的瞳孔掩盖了内心的想法和激情。这个人看起来难以捉摸，虽然我曾在他的老领导索布恰克的葬礼上看到他落泪……

再次提醒一点：普京有着多重面孔。他是潜伏在国外的情报人员；是圣彼得堡民主派市长的副手、能干的管理者；后来是克里姆林宫的高官，被选为维护叶利钦及其家族利益的情报机构负责人；最后，正如我们刚刚提到的，他还是车臣战争时期的总理，一个睿智的权谋家，在政治派系和黑手党之间游刃有余；而他的第五张面孔，则是直面 21 世纪俄罗斯重大挑战的"沙皇"。

实际上，普京是一切和一切的反面。

沙皇和政要们

普京何以让自己成为天命所系的人物？我们看到，当他被任命为总理时，他说过一句惊人但经过仔细考量的话，虽然也可能会被认为是剑走偏锋："把车臣恐怖分子溺死在便池里！"这个提法令人（包括西方人）震惊，但他在下属、顾问和身边人中多次检测过，结果却是很好使。什么原因？因为这个国家犯罪猖獗，体验着倒退和屈辱的感受，而且，在电视屏幕上看了几个月面庞水肿的叶利钦，俄罗斯人欣赏普京在晚间电视新闻之后拿起话筒的形象和坚定。

正是通过这种做法，通过他的形象和巧妙使用国家精神密码，他得以树立权威；也不能忘记寡头们、军队和克格勃对他的支持，这是他体制的三大支柱……应该说，在这方面，像别列佐夫斯基那样自以为可以掌控住"他们的沙皇"的人大错特错了，因为甫一当选，沙皇就该来掌控住你们了。形势迅速转变。普京的第一个举动就是解除别列佐夫斯基的职务，因为他"知道得太多"了。对他的政治清算如此彻底，以至于当人们问及克里姆林宫的新领导怎么看这个人物的时候，他回答："谁是别列佐夫斯基？"

普京一直通过其关系网的规模来衡量实力。他毫不犹豫地利用前克格勃的所有潜能，包括那些已经转型的前下属。正如他自己所说："要有效利用各部门经验丰富的老人。"因此，前克格勃主席弗拉基米尔·克留奇科夫能够经常见到普京，并不遗余力地为他提供建议。他甚至受邀成为总统就职仪式上的荣誉嘉宾。

此外，普京对同事们充满感激：在他上任后第一个月所任命的21名高级官员中，有11名是前情报机构人员。联邦安全会议也由他的心腹、血统纯正的克格勃人谢尔盖·伊万诺夫（Sergueï Ivanov，总统办公厅主任）将军来领导，而新总统任命的7名联邦区领导人中有5名是情报机构或军队的将领。

1999年12月，普京来到情报机构的标志性基地卢比扬卡，纪念列宁政治警察契卡的创立。在宴会上，有人提议举杯："所有的契卡起立！"所有人齐刷刷地起身立正，包括普京……就像那高墙里的人所说："我们永远不会离开克格勃。"他会作为一名真正的情报机构人员全面出击吗？让前克格勃来打击军队，或者打击寡头？

不论怎样，当2001年1月他将一名老元帅①、国防部长排挤出车臣战争特别参谋部时，就给人留下了这种印象。为了更好地从这场冲突中获利，普京求助于他圣彼得堡的老朋友、情报机构的领导②。普京认为，这么做是有道理的，因为"按照宪法，联邦安全局是一个负责打击恐怖主义的机构"。然而，"打击伊斯兰恐怖主义"是克里姆林宫不顾一切开战的唯一的正当理由，而这

---

① 伊戈尔·谢尔盖耶夫。
② 少将帕特鲁舍夫（Patrouchev）。

场战争像 20 世纪 80 年代末的阿富汗战争一样，正成为这个政权的一颗定时炸弹。

秘密警察虽然一直都处于俄罗斯政权的中心，另一个传统则希望它永远不会获得太大的影响力。一个单纯依靠秘密警察的沙皇注定要灭亡。普京似乎不止一次地思考过斯大林情报机构主席贝利亚的命运，1953 年他被悲惨地排挤和清算。

诺贝尔文学奖得主亚历山大·索尔仁尼琴（在成为普京的仰慕者之前，他最初对普京持怀疑态度）肯定地说："（他们）在选择普京的时候还以为普京是保护富人不义之财免受冲击的最合适人选。他的第一个政令是确保鲍里斯·叶利钦享有豁免权，真是令人难以置信的政令！这明显地印证了这一点。"然而，这位曾经谴责叶利钦"毁了俄罗斯"的异见分子现在显然深受普京吸引，还曾在家接待普京，并希望"他终止契约，开展另一种政治"。

确实，普京不是那些贵族寡头手中的工具。在当选总统之前，他出色地完成了政治教父们为他谱写的曲目，其中包括取代叶利钦，保证他享有司法豁免权，发动车臣战争并制定双重目标，即转移公众在高加索问题上对政府的不满，并赢得总统选举。

在总统选举之后，弗拉基米尔·普京表现出他是一个比鲍里斯·叶利钦高明得多的操纵者，而且他没有给丧失地位的权贵们送什么礼物。2001 年 1 月，普京的前保护人帕维尔·博罗金在美国被捕，普京似乎并没有因这起棘手的案子而与华盛顿或瑞士闹不愉快，而瑞士以上文中所提及的腐败案件为由要求引渡博罗金。普京就此"放弃"了他以前的恩师（并马上命人接替了其俄罗斯—白俄罗斯联盟执行秘书的职务）。此外，他很快与叶利钦"家族"拉开了距离。像鲍里斯·别列佐夫斯基这样的寡头不再是中心人物。从此以后，普京希望树立起自己的权威。

不管怎样，普京明白他不能仅靠对"特大腐败"采取行动来保持舆论的信心以及情报机构和军队的支持，因为当时俄罗斯40%的人民还生活在贫困线以下，经济仍然大面积地被犯罪集团控制。自2000年夏天起，他对可能会资助潜在反对党的寡头们发动攻击，重新控制了曾严厉批评叶利钦体制的俄罗斯各大媒体。司法行动纷纷启动。拥有唯一一家独立电视台的Media-Most集团被抨击管理不善并涉嫌偷税漏税，该集团反驳称这是克里姆林宫所策划的阴谋，但未果，最终被迫迁移到西班牙。

至于别列佐夫斯基，他曾经引用科克托（Cocteau）的名言说："这些事件超出了我们的能力，就让我们假装是组织者吧……"尤其因为牵涉多起洗钱案（总额达10亿美元），他很快成了"反对派"。无论是在伦敦肯辛顿毗邻戴安娜王妃宅邸的豪宅里，还是在蓝色海岸的城堡里，别列佐夫斯基向所有愿意倾听的人宣称，他宁愿成为"政治难民也不当政治犯"。他放弃了议员身份，并表态反对在金融方面实施的"理想却不现实"的政策。

在流亡到伦敦后，别列佐夫斯基曾几次试图干预俄罗斯政治并强烈抨击普京政权。1999年，他还特别指控普京作为前联邦安全局负责人牵涉三起房屋爆炸案①，这些案件导致了第二次车臣战争的爆发，那是让普京获得民心当选总统的机会。

后来，他还揭露政府专制独裁的升级，宣称普京企图建立一个独裁体制并将在最后任期届满时发动政变以求留任，而这与俄罗斯宪法相悖。

2002年，别列佐夫斯基成立了一个新的政党——自由俄罗斯党②，以期在12月立法选举时与普京对抗，同时还在资金上支持共产党。

同年，他正式向英国申请政治庇护，而俄罗斯则发布国际通缉令，以涉嫌"欺诈、洗钱和煽动暴力推翻宪法政权"等指控要求引渡别列佐夫斯基。俄罗斯当局还特别追查他利用岁格瓦茨公司和Andava等公司侵吞社会资产和挪用资金等问题。Andava公司在洛桑注册，"汇聚"了俄罗斯航空公司在世界各地分支机构的收入，并从中获取巨额佣金。

此外，别列佐夫斯基还被怀疑资助车臣武装分子③。在伦敦，他与一名分裂组织密使④和一个俄罗斯情报机构的叛变特工亚历山大·利特维年科（Alexandre Litvinenko）走得很近，甚至还为其提供住所和工作。2006年，利特维年科吞服致命剂量的

---

① 在莫斯科和伏尔加顿斯克导致300人死亡。
② 自由俄罗斯党的主要人物、议员谢尔盖·尤申科夫于2003年4月被暗杀，别列佐夫斯基在不久之后被清除出该党。
③ 与战争指挥官巴萨耶夫保持联系。
④ 扎卡耶夫（Akhmed Zakaïev），302起谋杀和多起绑架案件的负责人，因成立武装集团遭俄罗斯通缉。

钋-210，成为各大国际媒体头条，此事前因后果至今未明。总统普京的幕僚们立即指控别列佐夫斯基参与了这场谋杀，是想利用利特维年科之死发起对其的媒体讨伐。

2004年，别列佐夫斯基资助了乌克兰"橙色革命"。两年后的2006年1月，他宣布："反对派所有的暴力行动如今都是合理的，包括武力夺取政权，而这正是我所努力的事情。"他还在英国《卫报》专栏中再次呼吁推翻俄罗斯政府。①

的确，利特维年科案件将他再次推到风口浪尖上。一名俄罗斯情报机构官员②曾公开指控别列佐夫斯基得以流亡英国，是通过向英国军情六处输送俄罗斯国家机密级情报换来的，而这些情报是他在叶利钦治下担任国家安全委员会二号人物期间③收集而来的。该名官员还认为别列佐夫斯基参与了亚历山大·利特维年科谋杀案，而其背后可能是英国军情六处或是车臣恐怖分子（出于政治动机，为了削弱俄罗斯），或者是别列佐夫斯基本人策划了此事（猜测其是为了逃避俄罗斯的引渡要求）。

2007年7月，巴西司法机关以洗钱罪名对"逃亡在英国的俄罗斯商人鲍里斯·别列佐夫斯基"发布通缉令，这是继俄罗斯之后的第二个通缉令。这使得别列佐夫斯基下决心以克里姆林宫反对者的姿态出现，让一些分析人士认为他这是用民主争论的幌子来逃避司法起诉。

---

① 2006年4月13日。
② 安德烈·鲁戈沃伊（Andreï Lougovoï），英国谋杀利特维年科的嫌疑人。
③ 1996—1997年。

2011年，经过十多年的调查，他最终被起诉。根据检察官的说法，他洗钱数额巨大且在昂蒂布海岬购买了3处豪华地产，其中葛若普城堡于1997年7月31日以1 300万美元的价格从弗朗西斯·布依格（Francis Bouygues）夫人手中购入，鲍里斯·别列佐夫斯基却对此予以否认。但一份1999年的警局公函和一份税务报告确认了这份产业确实是他经过复杂的金融运作购买的，其中包括从卢森堡和瑞士银行经手的流动资金。因此，2013年初，负责此案的检察官下令将其移送至轻罪法庭。①

2012年11月，出乎所有人意料的是，别列佐夫斯基写信向弗拉基米尔·普京"道歉"并表达他想返回俄罗斯的愿望。② 数月后，他死于别墅中，据说是自杀，结束了与他过去的被保护人之间长达13年的斗争。

现在，鲍里斯·别列佐夫斯基在俄罗斯声名狼藉，多部作品描写了那些被归于他名下的罪行和欺诈手段。③

---

① 2005年，在葛若普进行的搜查让打击重大金融犯罪总局（OCRGDF）发现了另一位寡头罗曼·阿布拉莫维奇，他涉嫌通过西伯利亚石油公司为部分资金提供银行担保（按别列佐夫斯基的说法，阿布拉莫维奇已撤出在该石油公司的资本，因为他政治上太过显眼，但是他继续获得定期收益和转让股份的收入。但当事人对此予以否认）。法院查封了他一部分财产和资金（价值7 400多万欧元）。别列佐夫斯基向英国高等法院提起对阿布拉莫维奇的诉讼，指控他控制西伯利亚石油公司并要求300万英镑的赔偿和利息，2012年8月败诉。

② 但这封信从未被证实过。

③ 主要有美国记者保罗·克莱布尼科夫（Paul Klebnikov）所著的 *Godfather of the Kremlin：Boris Berezovsky and the Looting of Russia*。该记者是《福布斯》杂志俄文版总编，2004年被暗杀，具体情况至今不明。

把玩恐惧

俄罗斯历史表明，一个人担任的职位经常会改变这个人。斯大林式的领导人赫鲁晓夫利用斯大林情报机构负责人贝利亚的部分计划，却化身为去斯大林化的象征。沙皇必须有能力操控对手的思想。

所以普京毫不犹豫地效仿国家杜马内共产党重要人物的措辞来描述俄罗斯的境况，而这些共产党人过去曾想推翻叶利钦。普京甚至采用了他们关于俄罗斯民族"种族灭绝"的措辞。他承认每年俄罗斯的人口减少近75万，他宣称："我们民族的存续受到威胁。"这些表态还伴随着对俄共书记根纳季·久加诺夫的友好。普京因此得以将反对派第一大党中立化。12月初，俄共大会在莫斯科工会大厦圆柱大厅隆重召开时，代表们表示要对总统采取"建设性的态度"。

根据国家元首的分析，俄罗斯的衰落源于糟糕的经济形势，而且他对近期出现的主要源于石油价格上涨的形势好转不抱幻想。为了避免民族灾难，普京坚持唯一的办法：重建被"后共产主义"混乱摧毁的国家结构。他将俄罗斯划分为七个联邦区，并通过政令任命联邦区领导人。他要求国家杜马对联邦委员会进行改革，联邦区领导人不再进入委员会。

为了推行他的计划，总统还有意识地以国家分裂相威胁，将国家描述为由地方黑手党和寡头所掌控的区域构成的拼图。这套做法兼具他过去身为警察和技术官僚的双重特点：确定目标，然后为了达到目标，用尽一切办法。他的策略是依靠对恐惧的操纵，尤其是反映出俄罗斯人畏惧外部敌对势力的、深入民众骨髓的"被围困的堡垒"情结，车臣、北约和市场经济问题皆在其中。

但是普京也利用西方人的恐惧，他们担心如果没有强权的沙皇统治，俄罗斯会变得动荡和好战。他成功实施了几个计划，比如向欧洲输送天然气项目，从事实上巩固了大西洋到乌拉尔的"能源联盟"，并在此过程中让西方人忘记他过往经历中的几个"不愉快的偏差"，尤其是在车臣。

这么一来，俄罗斯人开始生活在一种"受控制的民主"中。参加演习训练的库尔斯克号核潜艇沉没波罗的海的事故即将考验普京的战略。

库尔斯克号的悲剧

2000年8月12日，前后相隔仅两分钟的两次爆炸摧毁了库尔斯克号大部分的舱体。建于1995年的库尔斯克号是俄罗斯最新、装备最强的巡航导弹核潜艇。正因为如此，它应召参加当年规模最大的海军军事演习。该潜艇趁此机会测试其新装的据称是更经济耐用的鱼雷发动机。鱼雷是一样的，更换的只是驱动力。发动机点火时火苗回燃导致了致命的爆炸。[1]

普京等到一周以后才中断在索契的休假回到克里姆林宫。俄罗斯人认为这迟来的回程只不过是迫于舆论压力。他们被强烈的对比惊呆了，一边是来自北方舰艇的惨景，另一边是晒成古铜色、穿着鳄鱼牌T恤的总统在黑海断言，俄罗斯具备营救所需的一切能力。连亲总统的报纸也惊讶于普京对救援人员生硬且冷淡的语调和他对遇难海员家属的缺乏同情。当天，俄罗斯海军最高指挥部曾向英国和挪威求助。对公众来说，很明确的一点是，由于普京的骄傲，失去了四天的救援时间。

---

[1] 这些信息由俄罗斯国防部机关报《红星报》披露，美国知情人士在《华盛顿邮报》（2000年10月21日）上予以确认，法国《现实价值周刊》（2000年10月30日）亦确认。

普京的在此之前一直有效的操纵方法被新闻自由打败。记者们无所畏惧地将国家部门组织混乱的信息披露出来：副总理宣布完"官兵家属已被告知幸存的期限已经过了"，而普京还在保证"救援人员将为每个海员的生命战斗到最后一刻"。

为什么俄海军总参谋部放任那么多不可靠的消息四处散播？为什么它想让人以为这是与其他军舰或鱼雷相撞的结果？难道是不想承认这是场技术事故吗？

与车臣战争相反，政府没有在核潜艇危机上阐明其立场。公众期待总统"道义和情感"的反应，而他只给出了一个技术官僚的回答。

难道普京被军队和海军的高层欺骗，他们从一开始就对他隐瞒了这场灾难的严重性？这不大可能：当时的联邦安全会议秘书谢尔盖·伊万诺夫向他汇报了现场的实际情况，而前者的信息来自联邦安全局。因此克里姆林宫的领导试图以国家的伟大去打动舆论的灵魂和良心，以支持他的盟友——军队高层。但是这回，无论是俄罗斯媒体还是新生的社会力量都不愿意被愚弄了。

全世界的人通过电视看到了最糟糕的一幕，一名因绝望而崩溃的库尔斯克号海员的母亲斥责负责救援行动的俄罗斯副总理："您有孩子吗？当然没有。这种情况还要持续多久？他们正在那个罐头盒子里等死。就为了一个月350法郎……"一个男人试图让她冷静，在她耳边窃窃私语，但是她反而更加激动，然后突然整个人瘫倒在地。这一幕已经让人难以忍受了，但还有一个更让人难堪的细节，放大的照片公开了一个女人透过衣服给她注射的细节。掌权者们迅速使用了老办法……

库尔斯克号悲剧表明，最高职务要求具备除了幕后人所标榜的以外的其他品质。另外，普京自称，即使在他最糟糕的噩梦里他都没有想过有一天会当总统，这不正是承认了他的局限性吗？确实，不能过早地对他做出评价，也不能用西方国家的尺度来衡量这个正在转型中的俄罗斯。在此期间，普京将继续坚持自我，并为"他的方法"署名。因此他可以在同一天去异见领袖萨哈罗夫的墓前献花，再去安德罗波夫的墓前沉思；后者是克格勃的代表人物，曾经是前者的死敌……

永无休止的面孔更替，情报特工的永恒回归……

普京和索尔仁尼琴

正是在这一背景下，2000年9月，在弗拉基米尔·普京的请求下，俄罗斯最知名的作家、异见分子索尔仁尼琴同意与之交谈并接待他。索尔仁尼琴赞同那时候提出的一些想法，如建立强权政府的必要性（考虑到国家的大小、复杂性和处境），重新建立秩序并规划一条"俄罗斯自己的道路"，等等。

总统恭维了他，之后还使用了他的照片。然而，后来并没有下文。作家记录道："我给他提了几个建议，但是我发现他一个都没有采用。"

索尔仁尼琴所设想的专制体制是"慢慢地盘旋而下，将我们从暴政的冰山带到民主"[①]。他详细构思了所有的宪法条款，尤其是设立技术型部委，成立地方自主管理部和高级行政学院，实施基于民众提议的法律，建立专门的道德机构来实施道德监督，以及权力完全的分立。

索尔仁尼琴对俄罗斯的政党提出了以下希望：政党不再干预和负责所有关系国家命运的重大决定，每个政党都要"公有、注册、有其章程"，不干预生产、管理和教育领域；议员只代表本

[①] 《一颗落入两扇磨盘中的种子》。

人，而不再隶属政党，在其履行代表权期间脱离政党，以保证其行为只对选民负责；在"政府所有层级"禁止同一党派的成员组建小团体，最后，取消"执政党"。

生活中的普京

普京展现出他真实的一面,直白地宣称:"坦率地讲,当我回头看去,没有错误!"此外,他在谈话中毫不犹豫地采用最直白的方式,他与身边的人相处自如……当有人问他是否做过后来想要纠正的决定,他直截了当地说:"没有。说实话,回顾以往,我的工作成绩可以让我留任!"

他的雄心是建立一个"各层面都平衡的国家";他认为要达成这个目标需要"数十年"!但他不想因此放弃。他表示:"我有两个选择,要么站在岸上看流水,看事物如何消失,要么让自己参与其中。我选择参与。"他自然地把自己想象成"詹姆斯·邦德",憧憬着在困难出现时拯救他人……

与他在苏联集体公寓长大的平凡童年截然不同,这个更为真实的"詹姆斯·邦德"登上苏迪亚克橡皮艇来到太平洋捕鲸,或者穿着Polo衫戴着雷朋眼镜,在中东的公路上驾驶他的四驱车!全世界的报纸都在转载官方摄影师为他拍摄的照片:系着柔道黑带在健身房里的普京,黑海边上的渔夫,圣彼得堡摩托车手的朋友或是在与蒙古交界处的大山中赤裸上身(他尤其喜欢的一种放松的方式)的骑士,西伯利亚河流中的蝶泳者……

普京在多个场合展现其硬汉形象

体育运动对弗拉基米尔·普京来说始终是首位的。俄罗斯总统一天的头几个小时以分钟精确安排。通常他早上 9 点之前不会醒来。像斯大林从前一样，普京一般工作到凌晨两三点钟，睡得很晚。在他的别墅①里，他一起床就先空腹去健身房，戴上露指皮手套，开始做肌肉锻炼。事实上，克里姆林宫的主人细心地保持着身材。上午，他会长时间游泳。然后，他会去两个分别为热水和冷水的按摩浴缸进行放松。再晚一点，将近中午的时候，他才用早餐：谷物麦片，鹌鹑蛋，配上一杯独特的提神鸡尾酒和用大蒜调味的蔬菜。下午 1 点左右，他才乘坐他的防弹奔驰车到克里姆林宫的办公室。

---

① 位于莫斯科往西 30 公里的新奥加廖沃庄园（Novo-Ogariovo）。

普京酷爱柔道

普京的财产

按照前副总理、反对派代表人物鲍里斯·涅姆佐夫（Boris Nemtsov）的说法："普京自己名下没有任何财产，财产都在别人名下。"媒体给俄罗斯总统归纳的财产清单[1]里包括 20 套宫殿或别墅，15 架直升机和飞机编队，价值 1 亿美元的 4 艘游艇，其中

---

[1] 参见《新观察家》2014 年 2 月 6 日。

"奥林匹亚号"拥有5层甲板①。此外还有700辆汽车和名贵手表收藏,其中一款由德国朗格公司(Lange & Söhne)出品的手表价值39万欧元,命名为"为了荣誉"。②

和平离婚

2008年,《莫斯科通讯报》披露普京有一名年轻的情妇,比他约小30岁,是温柔可爱的体操运动员阿林娜·卡巴耶娃(Alina Kabaeva),不久后成为执政党的议员。该报纸很快就关门大吉了……

2013年秋,俄罗斯总统的个人生活发生了变化。夫妇俩在克里姆林宫共同欣赏了芭蕾舞剧《埃斯梅拉达》后,接受了俄罗斯-24台的访问,访问中普京称:"我们是协议离婚。"他补充说:"这是我们共同的决定。我们的婚姻已经结束。我们几乎不再见面。"柳德米拉也证实了这番话:"我同意普京所说的,这确实是我们共同的决定。"

离婚的主要原因之一似乎是总统的身份和忙碌。普京解释说:"我的所有活动和工作都与公众联系在一起,是完全曝光的。有些人喜欢这样,但有些人不喜欢。柳德米拉已经坚持八九年了……"对此,柳德米拉再次表示赞同:"弗拉基米尔完全沉浸

---

① 寡头罗曼·阿布拉莫维奇所赠。
② 他的发言人们明确表示宫殿不属于他"个人",而是作为官邸,而收藏的手表是"赠给国家元首的礼物"。

2013 年，普京夫妇结束了 30 年的婚姻。图为 2002 年普京访华时和夫人一起登上八达岭长城

在他的工作中。我们的孩子已经长大，她们有自己的生活……从今以后每个人都有自己的生活，而我一点都不喜欢当公众人物。"

夫妇俩又强调，离婚不会在任何方面影响他们将来的关系。"我们永远都会是彼此非常亲近的人。我很感谢弗拉基米尔对我的支持。"普京夫人强调。而即将成为他前夫的普京补充道："我们的孩子在俄罗斯接受了教育并生活在这里。我们保持着很好的关系……"

预测普京的政策

您想预测弗拉基米尔·普京的政策、了解俄罗斯21世纪的走向并把握关键问题吗？暂且抛开他个人生活的变化，来看看俄罗斯的根本价值和象征，解密神圣俄罗斯的统治者的命运，从"恐怖的伊凡"到尼古拉二世，还有鲍里斯·戈东诺夫（Boris Godounov）、彼得大帝、叶卡捷琳娜二世或亚历山大一世。

同这些伟大的君主一样，普京想再现俄罗斯过去的强大。这些参照人物揭开了普京的隐秘内心，告诉我们西方人在普京身上应该期待些什么。这位克里姆林宫的新主人在政治艺术上超越了戈尔巴乔夫和他的模棱两可，也超越了叶利钦和他的直觉。他是俄罗斯历史上唯一一个起初完全不为人所知、却懂得通过电视并运用被布罗代尔（Braudel）称为"国家精神密码"的能力来树立自己权威的人！

粉碎敌人

我们已经看到，别列佐夫斯基事件是普京制度建设的一个象征性事件，因为它建立了如下规则：如果你们遵守我的游戏规则，我可以给你们很多好处，但如果相反，那你们就完蛋了！在第二种情况下，要么像偶然事件那样被了结、商人被暗杀的事情很多；要么就被排除出局，就像别列佐夫斯基一样，但别忘了，他最后也被发现"自杀"于伦敦的别墅中。然而，大多数商人已经"明白事理"，并立刻向他效忠，出让一部分财富来保住余下的份额。不得不单膝跪地以表忠心的寡头们虽然在政治影响力和经济权力方面受挫，却保全了自己。那些曾经像别列佐夫斯基那样对着干、如今在西班牙定居的人只是少数。

只有一个人想要顽抗到底，那就是米哈伊尔·霍多尔科夫斯基（Mikhaïl Khodorkovski）——前尤科斯石油公司总裁和俄罗斯首富。从2004年开始他因涉嫌"诈骗、盗窃他人巨额财产"和"逃税"被拘押，但对这些罪名他自然是否认的。这个俄罗斯最有钱的人在石化领域发财致富，而石化可能也代表了国家未来的关键。他明白自己是俄罗斯最大的石油巨头，曾尝试从政，或者至少是试图建立自己完全独立的游戏规则；他把希望寄托在通往美国而不是通往中国的输油管线上，并在俄罗斯议会内部组织了压力集团进行游说，让议会投票支持对他有利的法律。普京于是打断了他的攀升。

所以说，生命很长，政治的偶然完全不可预料。历史证明，在俄罗斯从政最好的方式是先坐牢：这也是过去某位斯大林的情况……

对于霍多尔科夫斯基，人们指责他什么？就是想要跟普京体制对抗。普京体制是一个完全均质的整体，对外封闭。在这个体制中，出身于情报机构或圣彼得堡圈子的 30 余人分享着国家全部的基本资料。必须明白新形势：普京已经终结了戈尔巴乔夫和叶利钦先后所提倡的地方分权的尝试。总体上说，他回归了安德罗波夫路线。

他重建了国家的权威，其论据是国家权威被破坏会导致混乱；他还建立了寡头政治体制，议会反对派只不过是形式上的，那些都是前克格勃官员或是与其交好的共产党。议会的亲西方派系则被清除得干干净净。

普京体制

普京回归其榜样安德罗波夫的路线，这点是无可辩驳的，但同时他也回归了勃列日涅夫的做法。20 世纪 70 年代，勃列日涅夫治下的苏联体制事实上依靠的是强大且地位彰显的中央集权，同时辅助以严格的等级划分，以获得某种建立在强大联盟之上的稳固性；在领导层内部和各级岗位上，可以发现很多人思考问题的方式有差异。目前尤其如此，例如，财政部在很长一段时间里都掌控在自由主义派手中，虽然也是专制，但仍然是自由主义。

同样，虽然普京明显位居首位，但德米特里·梅德韦杰夫却利用其 2009—2012 年间的总统权力来推行更接近自由主义派的主张（当时，普京显然仍是核心人物，即使表面上他担任的是总理一职）。

此外，我们也能够发现，财政部的很多言论与石油业压力集团[1]并不完全一致。无可争议的一点是，第一副总理[2]将俄罗斯经济与阿联酋做比较，严厉批评俄罗斯经济完全依靠石油收益，这与自由主义反对派的观点一致（如果自由主义反对派能有机会在俄罗斯存在的话）。因此在政权内部，一场真正的观念之战仍在持续，虽然方式更加温和；这种论战在过去的俄罗斯、在它未被恐怖消灭之前一直存在。

然而，总体来说，普京建立了一套内部协调的体制，让人想起勃列日涅夫，对于西方人来说，其体制内也有鸽派和鹰派。在普京时代，这是一种表象，每个人的角色都是安排好的，就像过去的政治局一样：指定你为鸽派，你就扮演鸽子的角色，但是将来如果指定你为鹰派，你就要去做鹰！

在普京的体制里，"自由派"的角色被分配给了当时的"直接合伙人"、外形和说话方式都比较文明开化的梅德韦杰夫，而他也非常出色地演绎了他的角色。这正是所谓竞争的由来，两个人之间的对立纯粹是传言。这是一个政治封闭、派系难成的制度，但并不排除在分享成果时在普京身边也会出现某种哄抬竞价的情况。

在这种情况下，如果我们近距离研究其决策过程，显然普京是唯一的决策者，而所有不符合其利益的偏差都会被当场纠正。

---

[1] 指俄罗斯石油公司。
[2] 伊戈尔·舒瓦洛夫（Igor Chouvalov）。

他是这个机制中的铁腕人物，他恢复了俄罗斯专制的传统！随着在经济上和国际上的某种开放，该体制必须保持稳定。

然而，在国际上，俄罗斯的未来依赖于纯战略层面，这也是许多纠纷的真正缘起。事实上，普京身边的情报机构一派表示支持亲斯拉夫的传统（可以四面出击，完全排除任何与西方的结盟），并寄希望于建立在天然气和石油优势之上的与中国的交好。

我们正处在一个战略的转折点。普京的不可或缺是因为他让俄罗斯避免了最糟糕的情况吗？未来几年可能会揭晓这个问题的答案！

国际政策展望

普京的国际政策深受其导师安德罗波夫的战略的启发。如果说只有一人批判第三世界主义和国际侵略精神，这个人就是安德罗波夫。在这方面，他的立场要比在国内政策方面有更好的连续性，在内政上他会犹豫要不要粉碎苏联体制；而在国际政策方面，他有欧洲战略，一种与他眼中重要的欧洲力量进行和解的欧洲战略！

今天，人们看到普京和他巴洛克的一面时，他显然遵照了承袭自安德罗波夫的一套规划，主要内容是与德国的社会民主派、法国的戴高乐派，甚至和贝卢斯科尼友好相处，虽然贝卢斯科尼在 2000 年初还曾以寡头的身份逗弄过他。

2003 年危机中形成的三人联盟的主意也直接源自安德罗波夫

的思想，当时在反对入侵伊拉克的联合国会议上，希拉克、施罗德和普京这欧洲的三驾马车结成了联盟。

20世纪80年代初，安德罗波夫的目标是讨好法国的戴高乐派和德国的社会民主派，过去他用统一做诱饵，而今天的赌注则押在石油上。这一策略之后受到了影响，因为亲身经历过苏联控制的安格拉·默克尔对此怀有疑虑，也因为尼古拉·萨科齐对俄罗斯一开始实行的是很有激情的政策，后来却回归到了传统立场。

应该承认，普京是"重大战略游戏"的最佳选手之一，俄罗斯人还是比任何人都清楚怎样掌控棋局：未来会告诉我们，他是否会恢复安德罗波夫的改革战略，该战略旨在让俄罗斯与欧洲紧密联系，就像过去戈尔巴乔夫所做的那样，但后者却不懂得如何利用大事件。

目前的关键问题仍然没有变，即维护与欧洲捆绑的理念。为了确信这点，只需要看"阿拉伯之春"在俄罗斯人中间引发的激烈反应即可：他们略带夸张地从中看到了"伊斯兰运动"的发展，并将穆巴拉克的失败阐释为"伊斯兰共和国"来到高加索的预兆！对普京来说，这些危险是很实际的。它们展现了需要强调的两个方面。

首先，在阿富汗问题上，西方和俄罗斯之间存在一种真正的一致，不光是战略上，还有一个简单的原因，即今天的俄罗斯即将超过欧洲成为最大的海洛因消费国。

其次，通过查看"基地"组织的网站就会知道，该组织宣称未来会有一系列哈里发王国，从布哈拉开始，横跨几个如今业已衰退、管理混乱、失业严重的国家，包括中亚和北高加索。不能低估俄罗斯人对这种危险的感知，一方面，他们通常是东方问题的专家；另一方面，普京是前克格勃军官，对国家实行的是管理克格勃人员的方法。

鉴于装甲车已经过时而核武器又太过昂贵，想恢复俄罗斯的威望、重建其影响力的普京自然地想到了石油和天然气。因此，对俄罗斯来说，能够让石油价格上涨的一切，包括马格里布国家的骚乱，都是上天的恩赐：阿拉伯革命、穆斯林兄弟们的前进相比之下都是次要的了！未来石油战争的关键取决于首先与德国、其次与法国乃至整个欧洲达成的联盟。

这个思虑甚至让他对传统上反俄的波兰采取了措施，壮观的两国关系改善从叶利钦时代就开始了，已经发展到开放斯大林在卡廷屠杀波兰军官的档案，而这些资料原本被认为应是严密封锁的。因此，这是一项称得上精明的政策，尤其是欧洲唯一对改善对俄关系抱有敌意的波兰人确实正在重新考虑自己的政策，尽管2014年的乌克兰危机让这一转变复杂化。

重建影响力

包括普京在内的众人你来我往，而联盟则长期持续并超越了个体的关注点。比如，为什么巴黎构建地中海联盟的想法没有实现？首先是因为德国人认为与中东签订协议不具备物质基础，但是跟俄罗斯就可以。俄国人用天然气和石油来换取西方的技术，并不加掩饰地利用两种文明同源基督教的相似性。

有两个事件需要着重强调。第一，中国刚刚用全方位的协议打开了哈萨克斯坦的大门。该地区突然改变立场向其唯一的石油出口对象国——中国——靠拢，俄罗斯人对此非常震惊。第二，俄罗斯人注意到，"伊斯兰运动"潮流在整个阿拉伯世界再次高涨。这一情形大大削弱了那些鼓吹"不满者的工会"论调（抨击全球化）的人的力量，连奥巴马政府这时就算是想（但这点未被证明）也都无力继续在俄罗斯周边设置"隔离带"的政策。

还有另一个问题：普京的政策最终会建立另一个思路不同的苏联吗？换句话说，帝国还能够重新建立吗？以什么形式？在这方面，需要强调的是它的合作伙伴已经不一样了。波罗的海沿岸国家如今完全转向欧盟，永远不会再重回俄罗斯的怀抱。

相反，中亚和一部分高加索的伊斯兰国家已重新定位。阿利耶夫总统是一个很精明的人，他让阿塞拜疆在土耳其和俄罗斯之间扮演跷跷板，但从不偏向任何一方。

至于中亚的大国，一切都未见分晓。比如，拥有历史古城撒马尔罕的乌兹别克斯坦是其中最重要的国家，却被一股"伊斯兰运动"潮流严重威胁，而且为了维护其在南方的利益，把土库曼斯坦和塔吉克斯坦也卷入其中。

相反，伊斯兰教力量薄弱得多且拥有大比例俄语人口的哈萨克斯坦更加不愿与俄罗斯断绝关系。因此哈萨克斯坦和白俄罗斯成为普京所主导的欧亚经济联盟的支柱。

的确也存在显而易见的差别。实际上，重建苏联，就意味着通过先与白俄罗斯领导人之间建立联盟，然后是哈萨克斯坦、吉尔吉斯斯坦以及俄罗斯在该地区的传统盟友亚美尼亚，从而回到叶利钦终结苏联时的状态。然而，应该说这也不会完全是当年的苏联了。

这么一来，俄罗斯人赢得了斯拉夫东正教徒们的心，也就是说，就像在19世纪一样，塞尔维亚人和保加利亚人（黑山是俄罗斯寡头政治的殖民地）将继续向俄罗斯靠拢，因为他们害怕土耳其的重新强大，害怕伊斯兰教，并且不信任克罗地亚或其他国家的斯拉夫天主教。

普京因此有牌可以打，但是其行动空间已经不再完全是苏联的空间了。如何处理？解决这个问题需要运筹帷幄，一方面要客观地依靠天然气和石油，另一方面则要依靠欧洲的根基，从"大西洋到乌拉尔"，这是一个面对各种共有危险的可维系的基础。即使如此，我对普京体制也持最谨慎的态度，即使我认为它最终会起到相反的效果。

在戈尔巴乔夫下台之前，与他上台最初几年一样，还有可能依靠俄罗斯大城市里极其亲欧的中产阶级，并让俄罗斯朝这个方向演变。但戈尔巴乔夫做出了另外的选择，建立了寡头体制，为之付出的代价是过度的腐败，并最终剥夺了这个国家所有的真正的观念论战和基本的言论自由。在人道主义、政治、地缘政治方面，这个国家这些年一直在退步……然而普京对技术知识分子持同样的论调，他还特别提出建立一座现代化的信息技术城市的想法，斯科尔科沃创新中心，这完全不是寡头政治的成果。就如法国古典作家拉罗什富科（La Rochefoucauld）所说："虚伪是罪恶向美德致敬……"这也不是什么坏的征兆！

确实，政治是一种戏剧形式，但是这个制度曾是如此封闭，使得阴暗、苍白和灰尘都侵袭过俄罗斯。

恐惧重来

恐惧与普京一起卷土重来。他成功的秘诀是上天所赐的石油，伴随他重返政权。然而，他的政府无力借助石油来发展和邻国之间的真正的经济和工业，而民族存续正依靠这些邻国。从石油这个"幸运物"出发，却可以构建超越个人关注点的联盟。这个国家的未来将通过政治透明和竞争来实现，而这些在缺乏民主传统的俄罗斯人那里才刚刚开始重新建立。一场与禁锢自由格格不入的学习……

真正的问题是要知道压制一个国家是否有利可图。我显然认为并非如此。

除了它的新王牌，俄罗斯的优势还可以加上它的青年一代，他们的精神状态与欧洲青年很不一样。与法国人不同，俄罗斯人，尤其是生活在大城市的俄罗斯人，性情乐观。当我们谈起每周 35 小时工作制的时候，他们放声大笑；对他们来说，成功和个人生存是一切的关键。他们所梦想的，不是在欧洲定居，而是来欧洲消费他们所挣的钱。普京就是一个很好的例子，他很喜欢德国做他的合作伙伴，但是却选择法国作为度假地……

确实，应该承认从 2000 年开始的普京时期作为过渡阶段不是没有用的。是过渡还是永恒？按照宪法赋予的可能性，普京还可以竞选两任总统，也就是12年！那些捍卫不同理念的政党，将不是被压制言论自由就是被消灭。

然而，很多俄罗斯人，如电影导演、戛纳电影节金棕榈奖获得者帕维·龙根就认为，普京让俄罗斯避免沉沦于俄式法西斯主义。他1999年的对手叶夫根尼·普里马科夫尽管本身并不是法西斯，但却更让人忧虑：他曾准备用法西斯在抵抗和暴力方面的所有传统办法来重新控制局势。不管怎样，普京无可争辩地得到了某些专制力量的支持，成功赢得了选举，但也受益于他所坚持的纲领，他的纲领巩固了戈尔巴乔夫和叶利钦时代主要的成就。

尽管局势在某种意义上得到掌控而且腐败仍在持续，经济体制却得到了稳定发展：企业得到了恢复，经济形势大为好转，这都得益于普京，但他的前任们当政时也一样……

因此，除了遭遇大干旱的2007年，俄罗斯又重回农产品净出口国的地位，尤其是粮食，而在勃列日涅夫时期，每年都会因为确定需要向美国或其他国家购买粮食的配额而经历一次真正的折腾。同样，任何人今天去莫斯科买阿司匹林都会找到开放的药店而且供应很充足。这是另一种生活！

至于自由，它们曾经的确是受到制约，尤其是涉及视听媒体时，它们是完全受控制的，就像阿兰·佩雷菲特（Alain Peyrefitte）当年控制电视新闻标题一样。今天，表达反对意见的刊物可以公开发行，任何书都可以在俄罗斯翻译出版，因为书本的印刷是完全自由的。类似的还有出行的自由。现在俄罗斯人只要一有钱，最富裕的就去法国的高雪维尔（Courchevel），不太富裕的就去巴黎度假。人们也可以自由地创立小企业。我特别要说的是，在莫斯科郊区，整个街区都投票选举一名与俄罗斯姑娘结婚的贝宁人当新区长。这一切对那些经历了之前数十年苏联的人来说是难以置信的，在普京时代，这一切都成为现实。

因此，时代已经彻底改变了。我们今天所看到的放松态度和青年人的表现都给人以深刻印象。

普京的俄罗斯

因此，不应该忽视俄罗斯政治和意识形态的演变。2000—2012年弗拉基米尔·普京两任总统和一任总理任期期间，政府到底发挥了什么作用？民主规则是否得到了遵守？俄罗斯难道不是已出现追求至少局部重建苏联的新趋势吗？很可惜它的中坚力量是秘密警察——克格勃。苏联体制一崩塌，联邦安全局就重新披上了克格勃的外衣……

专制体制罪行的程度从来没有被承认，普京为沙皇和苏联的过去平反，为的是缔造历史的连续性。在他的公共关系专家顾问的协助下，他巧妙地利用了斯大林遗留下来的恐惧，尤其是深入骨髓的"被围困的堡垒"情结，那反映出俄罗斯人在外部敌对势力面前的恐惧，像车臣、北约等。在他治下，这个进程推进迅速，表现在恢复使用苏联国歌、歌颂克格勃、重新编写历史以期确立他所理解的斯大林形象、新闻控制，还有拆穿西方，指责其通过向俄罗斯输入民主来达到削弱俄罗斯的目的。

在后苏联空间中重建影响力的主张已经出现，这仿佛是安德罗波夫在去世后又获得了某种胜利！这种主张在继续发展，其实现的途径是内部封锁，还有谨慎的经济和政治协定，例如最近与乌克兰的协议。目前，石油和天然气是经济成就的主要来源。俄罗斯控制着全世界 17% 的天然气储藏量，普京在位的几年中（至少直到 2014 年），天然气价格飞涨。对内的管控，保证了这天赐的好处首先被用于实施市场机制，并为政府控制国家主要企业提供资金，尤其是在能源和原材料等关键领域。①

在国际关系领域，俄罗斯以天然气为武器，与中亚的政权联合，以期重获过去的影响力。在一切对外事务中，克里姆林宫决心要让人忘记 1991 年苏联解体的羞辱，以及之后导致其进一步丧失影响力的乌克兰和格鲁吉亚民主革命带来的耻辱。在普京的头脑中，构建斯拉夫国家的核心力是一种远远超越共产主义的历史趋势。这位俄罗斯元首遇到的大挫折是最近的乌克兰危机。2013 年 11 月底，本应在维尔纽斯签署乌克兰—欧盟的联合协议，乌克兰人和欧洲人都以为这份协议已经是板上钉钉，但乌克兰总统亚努科维奇（Viktor Yanoukovitch）突然拒绝签署协议。他的这一举动引发了巨大的冲击，无人料及后果。对于乌克兰、欧盟和俄罗斯来说，现实严峻。即刻爆发的民众游行示威规模巨大，改变了局势。各方顿感被推向了既定目标的反面。

乌克兰

正如 2002—2005 年法国驻乌克兰大使菲利普·德叙尔曼（Philippe de Suremain）所准确指出的那样：在乌克兰，这是一场

---

① 174 亿美元被用于购买国家掌握、外国投资者禁入的战略性企业的股份。

长期潜伏的危机的突然爆发,让人意外,它与橙色革命遥相呼应,都是自发的,反对的是同一个人,并且以同样价值取向的名义:独立、公平和民主。但是语境不同。

2004年,一场弄虚作假的选举激怒了受到认可的部分领导人的支持者……

2013年,一位合法当选的总统选择了俄罗斯而非欧盟,激起了众怒,导致反对派及其领导人搁置彼此的分歧,形成了统一战线。

游行示威者的决心和他们面对权力腐败的愤怒成正比,当局没有能力进行先前所承诺的改革,对内对外都信誉扫地。这甚至导致很多寡头因受总统"家族"无止境的贪婪和权力自上而下的干扰,而想要摆脱他们原本视为保护伞的总统:他们掌控下的媒体用自由的言论进行了突然袭击。媒体以令人生畏的高效率支持着社交网络。学生们是推动者,年长者们则接力跟上,而2004年则相反。欧洲旗帜替换了橙色旗帜,但这两种情况都是政治和道德的诉求,而非社会诉求的表达,这是一场为社会抉择而进行的公民动员。这需要通过一项纲领表现出来,可以最终改变尝试的进程。这场危机反映了横亘欧洲大陆的紧张气氛:欧盟和俄罗斯之间的紧张气氛,两者和乌克兰之间的紧张气氛,而乌克兰的位置必须得到明确。

克里姆林宫将乌克兰变成了一个事关生存的问题,不仅仅是因为对已失去的超级大国和强大帝国身份的留恋,也是出于想要保护政权性质的考虑：权力的垂直性与其说诱人，不如说更让人惶恐不安，而且它提不出一个对过渡期国家有吸引力的模式。普京视橙色革命为重大挫折，并对2011年12月在莫斯科爆发的游行记忆犹新，他担心发生连锁效应，因为这个被欧洲渗透的国家与俄罗斯比邻而居。欧洲人所遭遇的失败源于一场预防性的经济战争，这毫无疑问是莫斯科的胜利；但如果这个主要的邻国为动荡所扰，莫斯科还能够获得所有的预期好处吗？俄罗斯到底有没有能力来实现其雄心？欧洲人也被亚努科维奇的突然转变搞得大为窘迫，后者最终也失去了政权。他不得不承担政治失败的后果。①

在乌克兰问题上，普京显示出一个情报人员特有的能力。乌克兰事件的发展分为三个阶段。每次，他要么是取得一个假胜利，要么是遭遇一个假失败。在这三个阶段，他都表现出掌握事件发展进程的能力。他的举动尽显秘密游戏大师的风范。在克格勃的成长岁月不是没有作用的。

他靠什么赢得了这场对决第一局的胜利？首先，因为西方人犯了一个错误。当他们向乌克兰人提议签署联合协议的时候，欧洲人并不想与普京商讨。这就等于否认了最根本的现实：30%的乌克兰工业属于俄罗斯人，60%的劳动者直接或间接地为其邻国

---

① Philippe de Surmain, " L'Ukraine, une crise politique qui révèle les tensions qui traversent le continent européen," *La Revue géopolitique*, 14 décembre 2013.

俄罗斯生产……另一个实际情况是：输往德国的天然气 30% 来自俄罗斯。

我们还记得，普京掏出支票簿给乌克兰提供了 150 亿欧元的援助，而欧洲人只给了数千万欧元。这些欧洲人从未向乌克兰提出要将其国有经济转变成市场经济。欧洲人在往东看的时候出现了内部分歧：德国人以对话为先，而中欧痛斥俄罗斯并希望建立真正的隔离带。在这中间，法国没有发挥其应有的作用，即应该支持一条独特的中间道路，就像戴高乐将军当年所做的那样。于是普京把希望寄托在了一个他并不真正欣赏的人身上。亚努科维奇不是个很精明的人，他曾两次被刑事处罚，但是他一开始发挥了作用。因此，对俄罗斯总统来说，这个初始阶段以一场代价惨重的胜利告终。

接下来，基辅发生了流血冲突。全世界同声谴责。普京倚靠了一个名不副实的领导人，低估了他的弱点。朝人群开枪是犯罪，也是惨痛的政治愚昧。最后，亚努科维奇狼狈地前往俄罗斯避难。反对派依靠武力上了台，但是内部并不协调。危险的先决条件仍然存在：避免乌克兰分裂，尤其是避免内战。潜在的紧张因素很多，有大家闭口不谈的宗教问题，也有语言差异。然而，新当局已经颁布法令，比如其中一条是禁止使用俄语，但俄语在这个国家却是不可或缺的。

在这个阶段，普京瞬间就看到了可以谋求的利益。最初，他不断地强化立场，所有的民调都显示出这一点。在俄罗斯，人们预期将爆发战争。他们跟随着自己的领袖，领袖说："戈尔巴乔夫和叶利钦的软弱已经过去。我，不会退缩，我将直面针对我们的阴谋。"他甚至不惜上演新一轮冷战。

作为一名优秀的间谍，普京再次采用各种软硬手法。然而，要认真对待对峙的威胁。欧洲很清楚，如果出现对峙，难民将大量涌向俄罗斯，但也会进入波兰。乌克兰人早就表示他们希望取消签证。这意味着乌克兰劳动力可以进入欧盟，而这会造成问题。所有这些实际情况，普京都了解。他要借此做文章。

在乌克兰危机期间，我作为一名外交官和作家感到耻辱。这一动乱的原因是多重的：普京缺乏欧洲视角，缺乏技巧，乌克兰精英阶层则缺乏远见。很多重大错误累积才导致出现这种局面。他们把这个国家置于内战的边缘。而那里发生冲突将是场灾难，甚至有可能引发世界大战。

幸而，他们在最后时刻清醒了，并开始对话。理性的力量行动起来了，要避免乌克兰内战和分裂。那将成为欧洲紧张关系的开始。它可能是十个南斯拉夫！这几个月政治家们所干的蠢事可以与第一次世界大战前夕相媲美。

在基辅独立广场上，希望发生流血冲突的人是少数，大多数人都很真诚。欧洲无力回应他们。资金、取消签证……欧洲从来没有承诺过这样的前景，但现在可能不得不这么做。然而对欧洲和俄罗斯而言，就该地区进行探讨于双方有益。

似乎应该再回到苏联晚期，那时候我们找到了利益的平衡。目前情况的悖论在于，随着通往欧洲的输油管线的铺设，利益是相互的。各方都应该避免通道被封锁。

此外，乌克兰人则应该学会如何共同生活。乌克兰西部的人憎恨俄罗斯人，而东部的人则与之合作。他们应该共同寻找解决的办法，而关键在于从管制经济向市场经济转变，以及向欧洲靠拢。

普京将不得不面对这个情况。但他是个优秀的操纵者。他曾派遣俄罗斯武装部队，并将乌克兰危机作为反面教材。他问俄罗斯人："你们想要乌克兰这样一个总统懦弱的体制吗？"这个姿态在俄罗斯目前还行得通。

另外，经济武器对俄罗斯的效用微不足道，克里米亚已经成为俄罗斯的国家大事。普京对制裁威胁无动于衷，如果他不改变对乌克兰的态度，紧张关系将持续升级，国家可能遭受政治和经济的重大负面影响。经合组织已决定推迟俄罗斯申请加入该组织的审批流程，而欧盟也可能决定出台新的制裁措施。

乌克兰天然气巨头德米特罗·菲尔塔什（Dmitro Firtach）从2006年开始因涉嫌腐败而被美国联邦调查局调查，应美国当局要求在维也纳被逮捕。奥地利人披露的这个消息，对莫斯科来说是变相的警告，而制裁的威胁也越来越频繁。美国和欧洲考虑停止对部分俄罗斯政要发放签证，并冻结他们在海外的资产。同时被制裁的，还有克里姆林宫领导人身边极其富有的亿万富翁们。

事实上，弗拉基米尔·普京身边有三个圈子。第一个圈子是高级官员，他们与寡头类似，因为某个时期他们也曾出任俄罗斯大集团公司的董事。他们的关系一直都在，比如前俄罗斯联邦副总理、此后又执掌俄罗斯石油公司的伊戈尔·谢钦（Igor Setchine）。第二个圈子由普京的亲信们组成，"湖泊（Ozero）合作社"——一个20世纪90年代末为了在圣彼得堡市周边建造别墅而成立的团体[①]——的成员们。第三个圈子由在1995年大私有化浪潮中发家的寡头们组成，普京"继承"了他们的财富，而他们承诺不干预政治以显示其顺从，这点上文已经提及。

除了伊戈尔·谢钦这个国家的第三号人物，其他人的影响力很有限，他们得努力帮助缓解压力，但政治决定权仍然在普京手里。而影响他意图的，并不是经济制裁的威胁。再次重申一点，俄罗斯在克里米亚问题上存在某种民族同盟，而且随时准备着为此付出代价。舆论的压力非常大，弗拉基米尔·普京如今几乎表现出了温和派的样子，而以后恐怕也很难再恢复原先的样子。每个人都走进了死胡同。

"如果美国和欧盟对俄罗斯进行制裁，那么俄罗斯会进行反制裁，但它们的制裁恐怕也会伤及其自身。"普京警告道。他还特别提醒称，俄罗斯企业借债高达6 000亿美元，其中大部分来自外资银行，而且在俄罗斯的国际投资数额巨大。这场危机的影响将会非常深远，会波及苏联解体后的既得利益者，而且可能导致重大的地缘政治动荡。这也将是两方愚蠢外交的胜利。

[①] 成员包括尤里·科瓦楚克（Iouri Kovaltchouk）（银行、媒体、不动产业）、根纳季·蒂姆琴科（Guennadi Timtchenko）（石油业）、阿卡迪·罗登伯格和鲍里斯·罗登伯格兄弟（Arkadi et Boris Rotenberg）（建筑、金融业），这些人的财富都得益于普京。

克里米亚

他曾这样说,他也这么做了:"从签署协议当日起,克里米亚共和国将被视为加入俄罗斯联邦。"2014年3月18日,弗拉基米尔·普京与亲俄派的半岛领导人签署克里米亚入俄协议,其中还涉及另一个主体——塞瓦斯托波尔市——加入俄罗斯联邦,并享受特殊地位。

2014年3月16日,乌克兰克里米亚小城佩列瓦尼。蒙面的武装士兵和当地居民在商店中购物

俄罗斯总统用历史原因解释克里米亚居民的选择——97%的人投票支持入俄——"我们在历史上关系很密切……无法想象克里米亚和俄罗斯不恢复关系。"他还明确表示:"与乌克兰的关系

始终非常重要。"克里米亚曾经是苏联的加盟共和国，直到1954年被让与乌克兰，他坚称克里米亚在俄罗斯人心中"过去是、将来也是俄罗斯不可分割的组成部分"。

普京再一次谈到他本人对乌克兰亲欧暴动事件的看法，谈到了"政变"，还有"恐怖"，并断言法西斯和"纳粹分子"在这个国家从此掌权。然而，他却对乌克兰军人表示了感谢，因为他们没有采取任何行动，"避免了流血冲突"。然后，他又就公投这个饱受争议的问题辩称："科索沃也曾这样做，这是西方人想出来的办法。"他一字一顿地说："你们说科索沃是特殊情况，但为何呢？"他接着斥责道："西方人一派胡言，现在他们倒藏起来了！他们试图孤立我们，因为我们想要独立自主！"他还接着抨击："在乌克兰问题上，他们太过分了！"

对于西方立场的逐步升级，他主张："一切都该到此为止，不要忘了俄罗斯是个大国，它的民族利益应该受到尊重。"

普京还坚持向"曾经表决通过《独立宣言》并认为自由很重要"的美国人民传递一个信息，质问他们："为什么克里米亚没有这个权利？"最后，他试图安抚乌克兰人民："我们不想伤害和侮辱你们，我们一直尊重你们的领土完整。"他还补充道："不要听信那些说我们在克里米亚之后还会更加过分的话。……克里米亚过去一直是俄罗斯的、乌克兰的、鞑靼人的。"

为了结束对弗拉基米尔·普京心中的俄罗斯的描述，我们可以再次思考他的那句名言："谁不为苏联解体而惋惜，谁就没有良心；谁想恢复过去的苏联，谁就没有头脑。"这句箴言既清楚明白，又模棱两可；可以产生良效，也能引起偏差。不管怎样，无论他用什么方法，有一件事是可以肯定的：如果他想按照曾经的沙皇帝国和过去的苏联模式重建伟大俄罗斯，弗拉基米尔·普京就永远不能忘记西方，尤其是欧洲。

俄罗斯的心理状态

在很长一段时间里，尤其是在20世纪80年代，在俄罗斯人眼中，西方，主要是欧洲，即使算不上是乐土，至少也是典范。距苏联解体25年过去了，曾经的铁幕两边都发生了很大的变化。

一方面，俄罗斯人，尤其是没有经历过苏联时代的青年人，非常热爱旅游胜地欧洲。甚至可以说他们喜欢自我感觉为欧洲人，而且对巴黎和法国有着特殊的喜爱。另一方面，他们见到欧洲深陷危机有点幸灾乐祸。不要忘了，对普京来说，苏联的解体是一场悲剧，但他还不能接受欧洲已经扩大到俄罗斯的边界。在他身上有某种对苏联的留恋，屏蔽了不好的回忆。这位国家元首利用了这一大多数同胞都感同身受的情绪。

他看到了欧洲的两个问题。首先是政治错误。说实话，普京认可欧盟本身不是一个坏主意，但这个工程应该建立在一个结构紧密而坚固的核心基础上，才能让它一步一步往前走。另外还有更深层次的问题。俄罗斯人认为欧洲在走岔路，而且跟他们相比，欧洲人活在谎言里。以普京为首的俄罗斯人认为，欧洲在与基督教根基决裂的同时背叛了自己的灵魂，而这个根基被认为是与俄罗斯共有的。在他们的认知里，俄罗斯的大作家、艺术家，比如托尔斯泰、契诃夫、柴可夫斯基或者拉赫玛尼诺夫等都属于泛欧现象。

但普京对多元文化主张非常反感。他自认为对这个问题很了解，因为俄罗斯就曾是个多民族国家。与西方相反，他指出不能混淆伊斯兰教和"伊斯兰运动"，并自视为面对后者的一道屏障。这甚至成为他当前外交政策的支柱之一。他认为（在我看来，这是错误的），欧洲人，尤其是法国人，支持"温和的伊斯兰运动"，而这跟"温和的布尔什维克主义"一样不存在。在普京看来，这种想法导致了"阿拉伯之春"的失败。

众人就这样为了争取选票和笼络人心而放弃了战略考虑，尤其是在移民政策上。这是总统和一部分俄罗斯新闻媒体的分析。他们认为2012年法国总统大选中大量穆斯林选民投票支持奥朗德证明了这一点。

普京认为无国界主义和对民族的戒备是老旧的共产主义和布尔什维克的宣传被欧洲左派们再利用的结果！对他身边的人来说，政治上正确一步步成为指导原则有一段很长的历史。从历史角度看，在反西方的意识形态战争中，资产阶级、富人、剥削者、殖民者和牟利者先天有罪的观念被当成武器使用。渐渐地，西方知识分子内化了这种感受，而这种感受最终塑造了他们的世界观及其与第三世界和劳苦大众的关系。因此马克思主义就像是某种霸权思想一样主导着法国的知识分子，并在国民教育领域盛行。这些就是普京认为的"单一思想"的组成元素……

普京的历史观

　　普京排斥一切有罪的概念。第一次世界大战一百周年纪念的时候，他对"历史性正确"这种说法极为反感，并思考为什么要掩盖敌对的爆发和彼此的责任。这场战争造就了共产主义和法西斯主义，但是谁还提这些？虽然人们都不忘提及美国人和澳新军团（澳大利亚和新西兰的军团）的作用，但是却对俄罗斯死亡人数占盟军总数近40％这个事实保持缄默：战争纪念活动期间对此只字未提！

　　俄罗斯人还记得，在独裁统治的时候，他们被灌输了很多反殖民主义的口号……他们不愿意再听到这些。今天，在普京身边形成了一种关于"无罪"问题的全民共识。当俄罗斯的知识分子听说，西方人关心非洲的自由，却不致力于解决自己的问题，他们充满疑虑！在苏联时代，他们就见过操心古巴、安哥拉和巴基斯坦命运而不关心自己国家的那些领导人！对俄罗斯人而言，围绕"殖民主义"和"帝国主义"的晦涩讨论让人想起苏联国家宣传中的政治操纵和谎言！而普京巧妙地利用了这种感受。

　　然而要清楚一点：俄罗斯人自己也活在普京总统所象征的谎言里。普京构建了一种跟什么都不像的东西：杂糅了对政治正确的反对，对东方基督教徒（主要是指叙利亚，也涉及其他地方）

的维护，还有以沙皇和斯大林的强大俄罗斯为名义的战斗。尽管亲普京的俄罗斯人坚持认为目前第一要务是考虑自己国家很有道理，但他们也强调，要想建设欧盟，应该从防务和税务出发。他们提醒道，欧洲扩张失控产生了很多潜在问题，比如罗姆人问题，这也没有错。

同时，我坚信，如果对过去不能言无不尽，就不可能建成坚固的东西，尤其不能打造出一个亲欧洲的俄罗斯。另外这也是"改革"的深层次理念之一：在真实中重新建设。

对普京来说，恰恰相反。按他的观点，我们不能永远活在罪责中。很多的俄罗斯人认同他的观点，厌恶听到谈论劳动收容所、政治清洗和严刑拷问。

在关于过去的故弄玄虚和无止境的罪责之间，看看中亚正在发生的事情是很耐人寻味的。这个地区有实实在在的伤口：各个层面都有俄罗斯和苏联造成的创伤。同时，俄罗斯人也清楚，曾经的苏联加盟共和国也曾借助于苏联实现了实实在在的发展。得失交织在一起，不能以"黑"或"白"一言以蔽之。

在这本书里，我经常就当前的俄罗斯社会缺乏辩论而责怪普京。而他的反驳是："在'改革'时期你们可以讨论，但事实上的结果是，帝国终结了。"事实上，应该找到一个居中点，构建真正的思考，把过去的事实摆出来，并且不过分强调永恒罪责。这是我们面临的巨大挑战！

目前俄罗斯的趋势是担负起国家的"悠久历史"。俄罗斯的青年人似乎已经找到一个恰好的平衡。一方面，他们背负起过去及其根基；另一方面，他们又向西方开放并从中寻找有益的关系。我们可以依靠热情有活力且越来越反对普京的青年一代；在他们眼里，普京过于粗俗且过于简单化。

真正的问题是如何找到一个建立在彼此利益之上的折中立场。这不是一个价值取向的问题，而是事关每个国家的自身利益，也是稳妥解决方案的唯一基础。这样的一个平衡是可能实现的，但可惜，我们今天还离它很远……

普京和地缘政治

苏联已不复存在，而在普京看来，布热津斯基（Zbigniew Brzezinski）过去提出的美国"环俄罗斯隔离带"设想和想要削弱俄罗斯的意图始终存在。俄罗斯总统斩钉截铁地宣布："对俄罗斯人来说，只要你们想削弱俄罗斯，就很难达成共识。"另外，普京现象也是对这一态度的回应。如果西方想要削弱俄罗斯，就会遭遇对抗："我们不会再退缩，我们会抵抗。我们要实现我们的门罗主义①；欧洲对这片大陆上一切事务的干涉将被视为对安全与和平的威胁；作为回报，美国也永远不会干涉欧洲事务。"

---

① 19世纪美国的一个学说，宣告美国在北美洲和南美洲的主导地位，其领土事实上不再对欧洲殖民者开放。

"如果你们视俄罗斯为强敌，那么俄罗斯就会自我保护。如果你们将俄罗斯视为合作伙伴和盟友，那么就会展现其他前景。"俄罗斯总统又提醒道。然而，当俄罗斯和西方面对共同的对手，尤其是"伊斯兰运动"，它们就坐在了同一条船上。关于叙利亚危机，人们确认称俄军在其海域有一些基地：这才是真正的欺骗。

但是这并非普京最大的担忧。俄罗斯人非常忧心可能看到从"布哈拉到普瓦捷"（这里引用了"伊斯兰运动者"的原话）的哈里发王国出现，以及由此可能引发的多米诺骨牌效应……

前文在移民问题上已经提过，在普京眼里，目前西方所实行的政策都是短视的，都是在争取选票的前提下做出的决定。奥巴马为推行改革遭遇了巨大的阻力，他需要在国际事务方面实现有象征意义的行动来树立威信。普京对西方"温和伊斯兰运动"理念的发展非常警惕。如果西方政策想立足于被俄罗斯视为骗局的东西之上，这只能导致灾难。正如我们在利比亚看到的，如今那里毫无法治可言；还有在埃及，西方对"伊斯兰运动"的纵容最终导致了军队的干预。

普京把控俄罗斯内政是事实，但是他的对外政策拥有超越其自身的民族共识。把莫斯科支持大马士革归结为军工市场和偏爱原苏联历史盟友的阶段已经成为过去。面对什叶派（伊朗、伊拉克、叙利亚和真主党）和逊尼派（其后台是沙特阿拉伯、卡塔尔和土耳其）的交锋，俄罗斯人担心多米诺骨牌效应：先是以色列，然后是整个中亚。

普京认为，推翻巴沙尔·阿萨德政权就是"伊斯兰运动者"的胜利，可以预见会给东方基督教徒和少数派带来什么后果。弗朗索瓦·奥朗德和弗拉基米尔·普京会面的气氛经常是冷淡的。这难道真的让人惊讶吗？俄罗斯是巴沙尔·阿萨德最主要的武器供应商，还有可笑的德帕迪约事件（这名法国演员于 2013 年初申请加入了俄罗斯国籍）准确给出了两位国家首脑之间的心理温度。

现代的莫斯科完全不期待巴黎的恩惠。普京丝毫不关心法国知识分子的人道主义忧虑，至于两国间的经济协议，只需领会在俄罗斯总统脑海中居主导的新形势：如果说在 21 世纪初他的首要目标曾是俄罗斯通过与西方合作重获国际地位，尤其是通过用天然气和石油换技术，但很显然他搞僵了。此后他的逻辑是：在 20 世纪八九十年代我们已经尽力考虑西方利益了。既然这事实上没有为我们赢得任何敬意，尤其是东欧导弹防御计划仍然保留，我们认为与西方的战略联盟是适得其反的。

实际上，在欧洲衰落的背景下，普京只把德国视为靠谱的合作伙伴，并且考虑是否更应该与中国共建另一个世界，尽管两大强国之间的人口差距很大。为此，他利用苏联的盟友，或者至少是试图打某些伊斯兰国家的牌，以避免这些国家采取极端的反俄政策。

诸多因素导致了这种相互的漠视：俄罗斯新政策让其远离西方，而从未将俄罗斯视为盟友的西方人将继续低估阿拉伯世界里什叶派和逊尼派历史性大决裂所带来的危险。

这就是俄罗斯的基本假定，它建立在克里姆林宫领袖几乎独掌政权15年的经验之上，建立在他的个性和本书所述的其经历之上，也同样建立在他对历史的思考之上，而这种思考对他今后的政治行动至关重要。即使有人曾以为意识形态随着共产主义一起终结了，而我们今天却仍然生活在一个极度"意识形态化"的世界里。

　　普京认为，西方正在进行旨在一场破坏其政权稳定性的"十字军东征"。这是韦德里纳（Hubert Védrine）提及的"人权主义"：西方人利用民主和人权的普适性原则，将它们作为政治和经济武器。这就解释了普京对不干预原则的厌烦，尤其是在关于阿拉伯国家问题上。如果需要简单概括一下局势，我们就会发现，没有严格意义上的冷战，有的只是一场意识形态之战。

　　另外，俄罗斯人对西方国家还有一种深层的不满，甚至包括那些非常疏远普京及其派系的人。西方国家的人们强烈反对俄罗斯通过禁止同性恋宣传的法律，并将之完全归咎于普京，这说明西方对俄罗斯社会有一种很深的误解。俄罗斯只是还没有准备好接受目前欧洲所经历的社会风俗变迁。

　　俄罗斯与巴黎不在一个节奏上，而所谓的"普京的法律"不过是俄罗斯社会的折射。如果西方人都相信民主，当他们看到80%以上的俄罗斯舆论支持对同性恋的处罚，那么还以什么名义来指责一个主权国家呢？在有关风俗的立场上，相比于沙皇时代也有某种退步。俄罗斯人认为，西方正在没落中，政治上向一切妥协，首先是政教分离以及混淆伊斯兰教和伊斯兰主义。虽然俄罗斯人也有著名的同性恋象征人物，如狄亚基列夫（Diaghilev）或柴可夫斯基，但同性恋在俄罗斯仍然被视为导致古代西方世界被野蛮人打败的原因之一。

另外，本书已经提到过，西方和普京之间有一场骗局。"改革"意识形态家亚历山大·雅科夫列夫有一天跟我说："只有里根相信，戈尔巴乔夫是个骗子，最终戈氏自己也相信了自己的谎言。"

按照普京的说法，事实上在那个时期，西方的政策就是对俄罗斯施压，并在它周围建立"隔离带"。这个方法在戈尔巴乔夫和叶利钦时期行得通，但是眼下在普京这儿完全不管用，他得益于其导师安德罗波夫，从西方的不承认中吸取了教训。这么多元素从此进入了普京的外交政策。虽然人们曾预言了意识形态和历史的终结，但它们还是归来了。

与戈尔巴乔夫相反，在普京看来，邓小平是对的：要先封锁，再开放，这就是为什么彻底与西方配合只能适得其反的原因。因此他宣称必须"保留属于自己的武器"。

依托其内政，弗拉基米尔·普京坚持强调，俄罗斯是一个会说"不"的大国，并重申他不会放弃自己的盟友，这点与"改革"时期的苏联相反，它正是因为放弃太多而导致解体。他还痛斥西方，听取哲学家和民调的意见多于倾听专家。但这只是一个姿态，因为莫斯科与华盛顿始终保持着紧密联系。

因此，我们经常会发现普京言行不一。他意识到西方和俄罗斯同坐一条船，担心美国部署在阿富汗阻断塔利班后路的武装力量终将导致中亚地区的不稳定。至于叙利亚，他毫不担心巴沙尔·阿萨德。这个人本身并不重要，重要的仍然是并将一直是阻止"伊斯兰运动"的发展。美国人和以色列人准备针对约旦的"伊斯兰运动"筹备新的打击部队，而俄罗斯人不动声色，这就是游戏的复杂之处！

作为"改革"生动的对立面，普京化身为俄罗斯的救星，并着眼长远。正是因为克里姆林宫已经重为西方价值理念的客观盟友，所以冷战将不会重现。

作为"火车头"的德国

普京认为德国是欧洲的"发动机"（俄罗斯人视默克尔为"现代的俾斯麦"），并推动这一战略。在俄罗斯人想象中，德国有两种趋势，第一种倾向于欧盟，第二种则跳出欧盟以摆脱"地中海俱乐部"的束缚并往东发展。这条道路对其他国家也开放。总之，如果回顾我们的共同利益，尤其是面对"伊斯兰运动"，我们仍然拥有俄罗斯和欧洲国家关系的所有基石。

难道向欧洲发展对弗拉基米尔·普京没有好处吗？事实上，基于某些价值取向的认同，他需要从大西洋到乌拉尔的大联盟，但目前联盟尚未实现。但是除了德国这个唯一的普京还比较重视并准备与之合作的国家之外，他与其他欧洲国家无法融洽相处。

2013年底，他将乌克兰变成了与欧盟关系的连接点。他与波兰和波罗的海沿岸国家也无法达成一致。

然而，在普京看来，欧洲和俄罗斯之间有文化的相似性和悠久的共同历史。这是他构建联盟的坚实基础。此外，围绕能源和技术可以创造一种积极的相互依存关系。被石油卢布刺激的巨大的俄罗斯市场，对德国人来说已经不可替代，同样，德国的资源对俄罗斯人来说也不可或缺。对于法国，也是如此。

2013年9月5日，G20峰会在俄罗斯圣彼得堡召开。在各国政要观看音乐喷泉秀前，俄罗斯总统普京亲自为默克尔加衣，尽显绅士风度

加布里埃尔·马茨耐夫（Gabriel Matzneff）于2013年11月就此撰文[1]，质疑在民主方面对普京吹毛求疵的法国知识分子的

---

[1] 参见 www. pointfr. fr。

态度：

没有人指责美国人采取有利于美洲的政策。就像皮埃尔·弗勒斯耐（Pierre Fresnay）在《凶手住在21楼》（*L'assassin habite au 21*）一书中所写的："这是很正常的。"

……俄罗斯人总是被圣西蒙（Saint-Simon）曾经很高兴地在彼得大帝身上看到的"与法国结合的高度热情"所鼓舞，而且在很长一段时间里这种激情是相互的，但如今已不再如此，而我曾想在2014年获知其中的原因。1988年，当戈尔巴乔夫决定结束存在了70多年的政权的时候，对法国来说，尤其是对知识分子和艺术家们来说，本应该是一件兴高采烈的事。俄罗斯人终于可以再次重新发现他们的文化和精神渊源，自由地祈祷，自由地表达，自由地旅行，书店的橱窗里终于又可以重新展示"禁书"，从陀思妥耶夫斯基的《群魔》到阿赫马托娃（Akhmatova）的《安魂曲》，从柏地亚夫（Berdiaeff）的作品到弗洛伦斯基（Florensky）的作品。这些本该令所有爱好言论自由的法国人感到高兴，尤其是那些自称为左派的人。

奇怪的是，根本就没有，直到2013年，一直都没有。法国的知识界对苏联以往的领导人表现出一种难以置信的宽容。他们在格勒内勒街的使馆里吃着petits-fours（一种点心），突然间就在民主方面对普京吹毛求疵。

如果欧洲政策专家们能够在2014年为我解开这种双重标准之谜（我们的领导人、记者和帅气的知识分子对美国低三下四，对俄罗斯却表现出难以置信的、荒诞的厌恶），我将会非常高兴。

王位和圣坛的结盟

普京的民意支持率没有下跌，一直保持着75％的水平，而且有时候他的粉丝差点闹出笑话，比如伏尔加地区①的某东正教虔诚分子团体，将他视为圣约翰（Saint Jean）的化身！

更严肃地讲，这位俄罗斯总统和伟大的沙皇之间另一个相似点是他们都明确认可基督教，虽然基督教对于公共事务的看法并不建立在多数派和反对派的对立之上，而是立足于和谐融洽和共同事业的理念。作为一名出色的沙皇制度辩护者，普京认为民主生活在西方成为某种消遣："在那里人们玩弄民主。"但他骨子里坚信，欧洲和美洲比他的国家寡头政治倾向更严重：在克里姆林宫竭力限制寡头的时候，西方国家却越来越依赖金钱的力量……

同样，在承担其叙利亚政策的同时，他仍然和沙皇一样支持所有东方基督教徒，在他眼里，西方无耻地抛弃了他们，转而盲目支持伊斯兰教极端分子。这就是权力的本质？普京明确表示："是的，我认为我们应该回归我们的传统价值。不管人们怎么看待苏联的意识形态，在它身上有着近乎宗教的价值取向。只有传统价值才能替代它，否则社会就会堕落。"这位俄罗斯总统将这

---

① 下诺夫哥罗德（Nijni-Novgorod）（莫斯科以东450公里）。

一新的国家认同置于这个民族的轨迹中，这个民族先缔造了沙皇帝国，然后是苏联；虽然苏联的身份认同弱化了这个民族的气质，但它一直坚持对国家的忠诚；国家是19世纪中期伴随中央权力出现的概念，一种有效传承沙皇皇位的机制，并伴有强势的领导者，以正统观念的影响力为标志，而这种正统观念又事实上再次成为后苏联时代俄罗斯最主要的意识形态。普京的克里姆林宫和俄罗斯东正教教会之间的权力中轴线因此得以建立，就像罗曼诺夫王朝早期，大牧首发挥着一个杰出的共同领导者的作用。

和弗拉基米尔·普京一样，大牧首基里尔（Kirill）出生于列宁格勒，并出身于克格勃一族。"不属于克格勃的僧侣成不了主教。"前议员雅库宁（Gleb Yakounine）断定，这位还俗的神父在苏联解体时曾接触机构的档案。代号为"米哈伊罗夫"（Mikhaïlov）的基里尔从20世纪70年代初开始从事间谍工作，之后被任命为大牧首派驻日内瓦的代表。他喜欢瑞士的秀美风景和豪车，直到有一天，他在一条山间公路上全速驾驶时，他的宝马车撞到了路边，车上还有一位克格勃的上校和他的儿子，后者锁骨骨折。基里尔于是匆忙返回祖国，之后平步青云。1991年被提升为都主教，2009年1月27日被选为阿列克谢二世的继任者，2009年2月1日成为莫斯科及全俄罗斯东正教大牧首。

基里尔现在毫无争议是一名政治人物，其魅力对弗拉基米尔·普京来说是一张王牌。"不要听信煽动者，待在家里并祈祷……人权不过是侮辱民族价值的借口。"2012年2月反对立法选举舞弊游行的前一晚,他在电视上如此说道。

总之,在王位和宗教的结盟中,这位第十六任莫斯科及全俄罗斯东正教大牧首在与弗拉基米尔·普京会面时说过一句很有象征意义的话:"您当总统是一个奇迹……"数世纪以前,罗曼诺夫王朝第一任沙皇的选举也同样被东正教教会描述成一个奇迹……

普京和反对派

普京不断地在粉碎反对派。就像过去从事间谍工作时一样,他先确定他们一个个的弱点,并加以利用……至于其他的,制度是完全封闭的,司法也完全没有独立性。但同时,他也做出一些姿态。这不是一个独裁政府,而是一个君主专制和寡头的体制,情报机构和他的朋友们维持着这个体制。他揭露腐败只是徒劳无功,因为他的体制已经彻底腐败了。独立专家们一致认为:在举办索契冬奥会期间,超过130亿欧元被侵吞。这相当于整个冬奥会预算的近1/3!

然而,2011年12月4日的立法选举引爆了这个制度,这证明反对派并没有被完全压制,而且还有能力组织大规模游行。虽然弗拉基米尔·普京领导的统一俄罗斯党最终胜出,其选票相较于2007年的选举却大幅下降。这完全出人意料。选举舞弊很明显。但是抗议运动也存在其他因素。人们不再上当受骗了。他们知道权力会滋生腐败。这是一个真正的向民主转变的动力，来抵制普京的政策。媒体封锁无法继续了。当局不能完全审查的因特网是最后一个真正自由的媒体，使抗议得以高效组织起来。正是通过这个途径，现在才能继续进行游行示威。普京1999年入主克里姆林宫的时候建立的"受控制的民主"无法再持续了！这位铁腕人物还需要时日来认识到这点。

我们很容易把普京和其他独裁者做比较。这并不恰当。审查制度并不存在，人们可以自由地旅行，等等。俄罗斯制度一直以领袖为基石，弗拉基米尔·普京因此恢复了与东正教教会的传统结盟，而这早在共产主义政权建立之前就存在了。然而，他在形象管理方面也有失误：将闯入教堂的造反猫咪乐队（Pussy Riot）女歌手们抓进监狱是一个错误；一名环保主义者也刚刚因为在省长府邸大门上涂鸦而被判处三年监禁！

俄罗斯总统低估了西方舆论对于他禁止同性恋宣传法律的反应，他不得不有所让步，尽管在舆论方面，西方国家威胁抵制索契冬奥会其实有利于他，因为这涉及了民族骄傲问题。

2013年底，寡头米哈伊尔·霍多尔科夫斯基获释是否也有同样的背景？普京的这一举动完全是务实的。他可以选择：让他完整地服完刑（9年半），那等于造就了一个类似于纳尔逊·曼德拉的人物，或者是在距离刑期结束4个月的时候予以大赦，给俄罗斯舆论造成霍多尔科夫斯基认罪的印象。普京采取了先发制人的策略。克里姆林宫领导人宣布特赦米哈伊尔·霍多尔科夫斯基这个惊呆所有人的决定的 12 小时后，这名俄罗斯最著名的囚犯走出了监狱①。当时，这则新闻让所有人感到惊讶，包括霍多尔科夫斯基的律师们，他们并不清楚总统的意图和他们客户的命运；国家电视台同样如此，它们对这个事件只做了最简单的回应。虽然保密，但霍多尔科夫斯基的目的地终于还是被监狱管理机构所披露：德国。他的飞机抵达柏林，德国前外交部长汉斯-迪特里希·根舍（Hans-Dietrich Genscher）前来接机，原因是：德国在"幕后"为此次获释做出了努力。

事实上，汉斯-迪特里希·根舍的确暗中为这个案子做出了很大努力。为了成功找到解决方案，他积极运作并得到德国总理和外交部的支持，并明确表示此举是出于"人道主义原因"。据他说，米哈伊尔·霍多尔科夫斯基抵达德国时"筋疲力尽，但很高兴最终能够重获自由"。

我们还能认为他会重返政坛吗？不确定他是否还有这个能力。我们已经看到，对俄罗斯人来说，他始终与那个不受欢迎的 20 世纪 90 年代叶利钦及其寡头们联系在一起。

正如历史所证明的，如今在俄罗斯，政治生涯必须经历"流亡"或者"劳动收容所"的洗礼。所有伟大的布尔什维克领导都是这样过来的！

2014 年 2 月的索契冬奥会对弗拉基米尔·普京来说是一件富

---

① 位于俄罗斯北部卡累利阿共和国的谢格扎市（Segheja）。

有象征意义的大事。他围绕一系列大型活动①发起了媒体攻势，而这又是一系列行动的一部分。这个略显刻意的计划中存在某种建立在俄罗斯的历史变迁及其强大之上的一致性。这是一个永恒的俄罗斯、沙皇的俄罗斯、斯大林的俄罗斯，如今也是普京的俄罗斯。他成功传递的信息是，一个大国将重返国际舞台。

普京观看索契冬奥会高山滑雪项目

由于其地理位置，索契象征性地体现出保持北高加索与俄罗斯的血脉相连和保持国家领土完整的姿态。事实上，2014年初"伊斯兰运动者"就盯上了这座城市和——按他们的话说——它的"魔鬼运动会"。普京的信息是，绝不可能放弃高加索，俄罗

---

① 从2013年9月5日和6日于圣彼得堡召开的G20峰会开始，到2018年世界杯举行才结束。

斯是面对"伊斯兰运动"唯一真正的屏障。这一立场很受舆论欢迎。于是，索契又成了另一个象征。

反对派暂时被粉碎了，因为不存在严重的经济问题。虽然腐败很严重，虽然年轻人和少部分受教育程度最高的人对他持保留态度，但还有60%的人支持他。

永恒伟大的回归，俄罗斯人很喜欢。但可能发生变化。脚手架建立在普京个人身上。一旦他消失，一切将随之坍塌。然而，用米哈伊尔·戈尔巴乔夫的话说，俄罗斯人已经习惯了这些"创造性的混乱"。

这两年来的另一个缺陷是俄罗斯经济发展停滞，增长乏力。普京没有利用上天赐予的石油来重新设计国家的工业政策。而今天，一切都可能天翻地覆。毁灭共产主义和苏联的就是石油价格的下跌！除了罗纳德·里根虚张声势的"星球大战"计划以外，乔治·布什也曾成功出击，与沙特阿拉伯交好以降低"黑色黄金"的价格。叶利钦也遇到过同样的烦恼。石油价格低于每桶100美元，俄罗斯就没法实现财政收支平衡。何况他还要支付索契冬奥会——历史上最昂贵的冬奥会——的费用。

普京在俄罗斯领导人中如何排位？

普京自诩为俄罗斯强盛的接班者、圣彼得堡伟大沙皇和为反对纳粹而生的苏联的继承人。然而，我们要再次强调，他主要是两个人物的继承人：尤里·安德罗波夫，前苏共中央委员会总书记，普京在克格勃的上司，俄罗斯历史上的重要人物；另一位是邓小平，中国的头号人物，整个世界的重要人物。这两位有同样的行动路线：先经济开放，再开拓政治路线。这与米哈伊尔·戈尔巴乔夫和鲍里斯·叶利钦的做法恰恰相反！普京正好是上述两位的对立面。俄罗斯人讨厌那个时期，他利用这点让西方民主威信扫地并发展他自己关于俄罗斯伟大和稳定的理念。我的朋友米哈伊尔·吕迪（Mikhaïl Rudy），一位著名的钢琴家和艺术异端分子，曾在《世界报》[①] 上撰文：

> 今天的俄罗斯是个很有意思的国家！意见相左的人也能和谐共处，或几乎能够。所有能够用来颂扬这个国家的东西都是好东西。在这个诸说交织的新型意识形态中，人们将沙皇尼古拉二世奉为神明，却将列宁留在墓中。
>
> 金字塔的顶端是普京总统，索契冬奥会（除了可能会发生的恐怖主义行动）是压轴好戏。作为马克思的真正信徒，同时是孙子和马基雅维利的信奉者，他将辩证唯物主义的原则运用到了极致：他是一切和一切的反面。他是联邦安全局（前克格勃）官员并引以为傲，但也是一名狂热的教徒并依恋俄罗斯东正教的历史；他是艾尔顿·约翰（Elton John）的粉丝，但也是反同性恋法律的推行者。
>
> 另外，根据调查显示，在这个清教徒的国家，80%的俄罗斯人在这一点上支持普京！一切都是受控制的，没有什么

[①] 2014年2月11日。

是盲目的。弗拉基米尔·普京将他的主要政治对手贬黜为二等角色：共产党人久加诺夫，民粹主义者日里诺夫斯基（Jirinovski），民族布尔什维克主义者利莫诺夫（Limonov），还有亲西方者卡斯帕罗夫（Kasparov）。我们可以看到，他的讲话中融入了他们的理念。普京将他们所有人纳入了一个让人目瞪口呆的平衡技巧节目当中……

仿佛为了嘲弄认为历史终有一天会终结的福山，普京，他象征着历史的永恒回归！

附录一　要点回顾

1985年戈尔巴乔夫上台。他的目标是通过经济复兴来阻止衰落。"改革"实行的结构性调整措施旨在达到三重目标：利用国际局势的缓和削减军费开支，通过调动物质资源和技术来提高生产力，社会言论自由以恢复其生机。但是"改革"进程在处理不同民族间危机时遭遇了滑铁卢：1986年12月17日，哈萨克斯坦首都爆发骚乱。斯大林的统治结束之后，戈尔巴乔夫说："各个方向上都骚动起来了。"

1987年以后，波罗的海沿岸的加盟共和国又起来反对殖民主义；1989年，在苏德协议签订50周年之际，民众举行示威游行揭露斯大林的罪行。数周之后，乌克兰的利沃夫地区也表达了类似的诉求。

于是被"改革"唤醒的舆论将斯大林的遗产置于争论的中心。对人民权利有着严格理念的斯大林，根据"一个民族，一个共和国"的原则，按他的意愿勾勒出苏联的内部边境线。然而，100多个民族共同生活在苏联的15个共和国里，导致了一个真正如马赛克般复杂的民族集合。高加索就是极端的个案。例如，卡拉巴赫州的亚美尼亚人与其他的亚美尼亚人隔离开，由阿塞拜疆共和国管辖。亚美尼亚人和阿塞拜疆人之间的仇恨一直根深蒂固，但是在斯大林时代没有表现出来。然而，"改革"中取得的自由使他们几乎能够表达一切。亚美尼亚人陷入与日俱增的骚动中，想要解放阿塞拜疆管辖下的卡拉巴赫。两个群体之间的紧张关系达到了白热化程度。针对居住在阿塞拜疆首都郊区的亚美尼亚人的大屠杀开始了。克格勃们对这些行动并不陌生。事实上，民族问题被"改革"的反对者利用，使改革派丧失了信誉。同年，克里姆林宫的领导人们不得不面对现实：正如戈尔巴乔夫所强调的，民族问题被"不幸地低估"了。

同时，过去的错误也加剧了危机的逐步升级。戈尔巴乔夫坚信他还能够拯救局势。他准备支持民族利益，但不是极端的民族主义，他幻想着通过循序渐进的改造来捍卫苏联的统一。戈尔巴乔夫鼓吹妥协，一方面，他出于对各民族的关心而尊重加盟共和国的传统和语言；另一方面，他打算保留基本的决策权力。然而，以波罗的海国家和高加索地区为首的民族主义者坐地起价。戈尔巴乔夫意识到他正在失去对局势的控制，试图采用强力手段。先是1991年1月7日俄罗斯伞兵部队插手波罗的海国家事务。理论上，他们要阻止那些本应应召入伍青年逃避征募。但12日晚间，一支主要由克格勃官员组成的部队攻击了维尔纽斯电视台，并造成14人身亡。同时，当地共产党的保守派们组成了一个"民族救亡委员会"。实际上，这是为了中断苏联解体进程的最后尝试，是一场全苏联范围大规模计划的演练。但这些行动注定要失败。3个波罗的海加盟共和国的领导人关在各自的议会大楼闭门不出，得到准备抵抗部队进攻的人群的保护。西方国家使馆在抗议。克里姆林宫的领袖与俄罗斯改革派之间的决裂至此达到极致，改革派从此视戈尔巴乔夫为克格勃的人质。成为反对派领袖的鲍里斯·叶利钦言辞犀利。1991年2月19日，他通过电视直播指责戈尔巴乔夫"欺骗人民并让国家陷入专制独裁"，要求他立刻辞职。3月10日，他在一场30万人参加并高呼反对戈尔巴乔夫口号的游行中继续控诉。明确表示要"向苏联领导层宣战"的叶利钦受到人群的热烈欢呼。在此背景下，戈尔巴乔夫退缩了，宣称对预备武力攻击的工作并不知情，却并未因此惩罚相关责任人。波罗的海国家持续它们的行动，并进行了关于独立的民意调查，接下来格鲁吉亚宣告独立。戈尔巴乔夫试图拯救至少一部分加盟共和国，对波罗的海国家的演变并未心存幻想。他希望能够借助1991年3月17日的全民公投在苏联的其余区域重新确立权力，这场公投是政府就是否保留"革新联盟"这一问题发起的，苏联15个加盟共和国中有9个参与了投票，其中75%的选民支持联盟。

1991年4月底，戈尔巴乔夫在他的别墅里召集相关加盟共和国领导，提议一份联合声明。用他的话说，参与者要保证"宪法秩序的统治地位并阻止经济灾难的发生"。他模棱两可的态度一如既往，他没有明确未来的联盟是联邦还是邦联。莫斯科保留了部分权力，而加盟共和国则被赋予很宽泛的权限领域，尤其是在经济方面。这位"改革"者还指望着1991年8月20日最终签署这份协议。但是1991年8月19日，一个集中了被视为苏联制度支柱的主要机构负责人的委员会发起了一场军事政变，涉及国防部、内务部、克格勃,政变还得到了共产党领导层中保守派的支持。当戈尔巴乔夫被软禁在度假胜地克里米亚弗洛斯镇的住所中的时候,坦克进入了莫斯科。60个小时之后,政变结束。政变的失败要归功于已经充分扎根的"改革",这让极权政体不可能回归,这也要归功于鲍里斯·叶利钦的坚决。他爬上一辆坦克呼吁人们抵抗,塑造了一个捍卫自由者的形象,而这个画面通过CNN被转播到了全世界。这一胜利也源于对方阵营的软弱。政变者在几天之内掌握了全部的权力和军事力量,却没有逮捕鲍里斯·叶利钦,而他在莫斯科附近的住所无人不知。叶利钦的住所只有约6辆坦克和一队完全没有武器装备的人在保卫。政变委员会的溃败加速了他们本想阻止的苏联解体进程。8月21日,戈尔巴乔夫被叶利钦的代表们释放,而煽动政变的人被捕。

军事政变的失败改变了形势。翌日,苏联的所有加盟共和国宣布独立。苏联就像沙堡一样坍塌,比1917年的沙俄还要不堪一击,因为它的领袖曾试图修补制度的一些次要的缺陷,却没有摧毁这一制度。

无论如何,军事政变似乎成了决定命运的关键时刻,因为它在几小时之内引爆了一个维持了70多年的制度的中心结构。苏联勉强维持了4个月,在此期间,米哈伊尔·戈尔巴乔夫只是在一个空壳中行使权力。1991年12月25日,距俄罗斯、乌克兰和白俄罗斯领导人宣布"苏联不复存在"(12月8日的《明斯克协议》)17天之后,他辞去了苏联总统职务。叶利钦成为克里姆林宫名副其实的主人。

这是世界历史上史无前例的情况：俄罗斯在两个斯拉夫共和国——乌克兰和白俄罗斯——的合谋下退出了苏联。

一个新时代开始了。这是鲍里斯·叶利钦的时代。它持续了8年。

在叶利钦治下，除了稍后被征服的西伯利亚，俄罗斯的边界回到了16世纪莫斯科公国时的状态。但同时，通信体系、天然气管道和输油管道网以及经济联系得以保留。尽管斯大林的政治机构已经消失，但其遗产仍然还在。

在21世纪到来之际，俄罗斯依旧在探索。

为了避免民族危难，2000年3月当选总统的普京推崇唯一的解决办法，即被后共产主义混乱所摧毁的政府机构的复兴。这位俄罗斯总统将国家分成七个联邦区，试图以此来加强政府。他也将过去苏联的加盟共和国视为对莫斯科"有切身利益的区域"。

为了推行他的计划，普京有意识地以国家分裂相威胁，俄罗斯被描述为一系列由地方黑手党和寡头所掌控的区域的拼图。而他的方式打上了他过去身为克格勃官员的记号：在封锁新闻的时候他确定了目标，而为了达到这些目标，可以无所不用。因此俄罗斯开始生活在一种"受控制的民主"中。

在俄罗斯，国家起着什么样的作用？民主规则在那儿被遵守了吗？俄罗斯是否有至少局部重建苏联的新趋势？对于这些问题，普京总统在他2000年到2008年的两任总统任期里给出了他的答案。

普京时期的特点是回归苏联的遗产。跟所有集权国家一样，他的网络是秘密警察,即克格勃。虽然制度崩塌了,但克格勃却继续存在。联邦安全局最终披上了克格勃的外衣。

弗拉基米尔·普京表示:

> 苏联解体是 20 世纪最大的地缘政治灾难。对俄罗斯人民来说,这是一场真正的惨剧。几千万国人和同胞被阻隔在俄罗斯边界以外。此外,解体的疫病甚至在俄罗斯内部蔓延。

对普京来说,新的俄罗斯国家认同是一个曾缔造过帝国的民族的身份认同(先是俄国,然后是苏联),它根植于对国家的效忠,曾经在某种意义上被苏维埃的身份认同所冲淡。这一理念源于 19 世纪中期一种政府组织的形式,其特征是强大的中央权力、有效的传承机制和一个强势并受东正教影响的领导者,而东正教已经事实上成为后苏联时代俄罗斯的国家意识形态。

普京就这样为沙皇的过去和苏联的过去平反,以缔造历史的延续性。

于是,在他的公共关系专家顾问的协助下,在打击寡头的同时,他巧妙地利用了斯大林时期"被围困的堡垒"情结,那反映出俄罗斯人在外部敌对势力面前的恐惧,像车臣、北约等。在他治下,这个进程推进迅速,表现在恢复使用苏联国歌、歌颂克格勃、重新编写历史以期确立他所理解的斯大林形象、新闻控制,还有指责西方国家心怀叵测地向俄罗斯输入民主来达到削弱俄罗斯的目的。

石油和天然气是普京时代经济收入的主要来源。(俄罗斯控制着世界上17％的天然气储藏量。)

在国际关系领域，俄罗斯以天然气武器做威胁，并与中亚的专制政权联合以谋求恢复过去的影响力。在所有的外交战线上，克里姆林宫决心让人们忘了1991年苏联解体的羞辱，以及最近在乌克兰和格鲁吉亚发生的、削弱其影响力的民主革命所带来的耻辱。

附录二 主要人物

尤里·安德罗波夫（1914 年出生于斯塔夫罗波尔地区的纳古茨卡亚村，1984 年逝于莫斯科）

毕业于水运专科学校，二战前曾担任苏联共青团多个领导职务。曾先后任苏联驻匈牙利特命全权大使（1953—1957 年），克格勃主席并获大将军衔（1967—1982 年），苏共中央委员会总书记和最高苏维埃主席团主席（1982—1984 年）。

鲍里斯·别列佐夫斯基（1946 年出生于莫斯科，2013 年逝于英格兰阿斯科特）

毕业于莫斯科电子信息学院。苏联科学院控制问题研究所研究生，俄罗斯科学院通信院士（1969—1987 年）。他与不少大型商业和银行机构有直接关系，包括罗格瓦茨公司、AVVA 基金、伏尔加汽车厂、联合银行……俄罗斯公共电视台副主席。1997—1999 年担任俄罗斯国家安全委员会副秘书长和独立国家联合体执行秘书。

帕维尔·博罗金（1946 年出生于高尔基地区的沙胡尼亚）

毕业于莫斯科地质学院。曾先后任雅库茨克执行委员会主席（1990—1993 年）、克里姆林宫总管（1993—2000 年）、俄罗斯—白俄罗斯联盟国务秘书（2000 年）。

列昂尼德·勃列日涅夫（1906 年出生于乌克兰第聂伯罗捷尔任斯克，1982 年逝于莫斯科）

曾担任多个党内高级职务。南方方面军政治部第一副主任，第 18 集团军政治部主任，乌克兰第四方面军政治部主任（1941—1945 年），领中将军衔（1953 年）、苏联元帅军衔（1977 年）。1964 年 10 月出任苏共总书记。1977 年，担任最高苏维埃主席团主席。

鲍里斯·叶利钦（1931 年出生于斯维尔德洛夫斯克州布特卡村，2007 年逝于莫斯科）

毕业于斯维尔德洛夫斯克州理工学院建筑工程系，曾在（苏共）地区党委机关担任重要职务。曾任苏共莫斯科市市委第一书记（1985—1987 年）。1989 年当选为苏联人民代表大会人民代表。1990—1991 年，任俄罗斯联邦最高苏维埃主席；1991—1999 年，任俄罗斯联邦总统。

米哈伊尔·戈尔巴乔夫（1931 年出生于苏联斯塔夫罗波尔地区普里沃诺耶村）

毕业于莫斯科国立大学法律系和斯塔夫罗波尔农业经济学院。曾先后任苏共斯塔夫罗波尔市委第一书记（1970—1978 年）、苏共党中央书记（1978—1985 年）、苏共中央委员会总书记（1985—1991 年）、苏联总统（1990—1991 年）。戈尔巴乔夫基金会主席。

瓦连京·尤马舍夫（1957 年出生于彼尔姆）

毕业于莫斯科国立大学新闻学院。曾是《莫斯科日报》和

《真理报》通讯员、鲍里斯·叶利钦的媒体关系顾问（1996—1997年）、总统办公厅主任（1997—1998年）。

亚历山大·科尔扎科夫（1950年出生于莫斯科）

曾工作于克格勃第九局。任总统警卫局局长（1993—1996年），领少将军衔。

弗拉基米尔·克留奇科夫（1924年出生于伏尔加格勒的察里津，2007年逝于莫斯科）

毕业于苏联外交部高级外交学校。曾任克格勃主席，领大将军衔（1988—1991年）。1991年8月，作为国家紧急状态委员会成员被捕。1994年2月，由俄罗斯国家杜马下令赦免。

德米特里·梅德韦杰夫（1965年出生于列宁格勒）

曾任俄罗斯联邦政府第一副总理，2008年3月当选为俄罗斯联邦总统。2008年5月7日宣誓就任总统后，任命弗拉基米尔·普京为政府总理，因为普京总统任期不能连续超过两届。

由于他实行的政策倾向于自由主义和技术派，所以与总理普京保持了一定距离，尽管2012年他为了支持普京而退出总统大选。2012年5月，弗拉基米尔·普京再次就任俄罗斯联邦总统后，任命他为政府总理。

鲍里斯·涅姆佐夫（1959年出生于索契）

曾任下诺夫哥罗德州州长（1991—1997年），后任俄罗斯副总理，主管社会、住房改革和市镇服务（1997—1998年）。

尼古拉二世（1868年出生于沙皇夏宫，1918年逝于叶卡捷琳堡）

俄罗斯帝国末代沙皇，1894—1917 年在位。1917 年 3 月，让位于弟弟米哈伊尔。1918 年 7 月 16 日晚，他与家人遇害。

叶夫根尼·普里马科夫（1929 年出生于基辅）

毕业于莫斯科东方大学。曾为《真理报》驻中东通讯员（1962—1970 年），苏共中央政治局候补委员（1985—1990 年），俄罗斯对外情报局局长，后任外交部长（1991—1996 年）和俄罗斯联邦总理（1996—1999 年）。

格里高利·拉斯普京（1864 年或 1865 年生于托博尔斯克省波克罗夫斯科耶村，1916 年逝于彼得格勒）

被称为"神医"和"巫师"。他给患血友病的沙皇尼古拉二世的儿子治疗，并获得皇后亚历山德拉·费奥多罗芙娜（Alexandra Fedorovna）的信任。1916 年 12 月 17 日晚被杀。

阿纳托利·索布恰克（1937 年出生于赤塔州，2000 年逝于斯韦特洛戈尔斯克）

阿纳托利·索布恰克童年有一段时间在浩罕（乌兹别克斯坦）度过，青年时期在塔什干度过。1956 年进入列宁格勒法学院学习，后于斯塔夫罗波尔从事律师职业。1962 年返回列宁格勒，任教于法学院，这里培养出一大批新的俄罗斯政界精英。这些精英中最出色的代表是索布恰克以前的学生和搭档，如弗拉基米尔·普京和德米特里·梅德韦杰夫。

作为罗斯特罗波维奇（Rostropovitch）的朋友，他 1997 年 11 月至 1999 年 7 月居住在巴黎，一方面是治疗心脏疾病，另一方面也是逃离圣彼得堡市市长选举后的糟糕气氛，新任市长弗拉基米尔·雅科夫列夫的亲信指控他贪污公款。他任教于索邦大学。1999 年 11 月，洗清所有嫌疑。同年 12 月，他以"亚博卢"民主党党员身份参加立法选举，落败。

2000 年 2 月 19 日晚，他的心脏病再次发作，在加里宁格勒地区斯韦特洛戈尔斯克的家中去世。他的遗体被安葬在圣彼得堡的尼古拉墓地。弗拉基米尔·普京参加了他恩师的这场几乎称得上是国葬的葬礼，并第一次在电视上表现得非常激动。

维克托·切尔诺梅尔金（1938 年出生于奥伦堡州，2010 年逝于莫斯科）

毕业于古比雪夫理工学院。曾先后担任苏联天然气工业部副部长（1982—1985 年）、苏联天然气工业部部长（1985—1989 年）、俄罗斯天然气工业股份公司主席（1989—1992 年）、俄罗斯联邦总理（1992—1998 年）。

阿纳托利·丘拜斯（1955 年出生于明斯克地区）

毕业于列宁格勒经济工程学院。曾先后担任列宁格勒市苏维埃执行委员会第一副主席，列宁格勒市市长的首席经济顾问（1990—1991 年）、俄罗斯联邦国有资产管理委员会主席（1991—1996 年）、俄罗斯联邦总统办公厅主任（1996—1997 年）。

格里高利·亚夫林斯基（1952 年出生于利沃夫）

毕业于莫斯科普列汉诺夫国民经济学院。曾先后担任苏联部长会议国家经济改革委员会办公厅经济改革综合处处长（1989—1990 年）、苏维埃社会主义共和国联盟部长会议副主席、国家经济改革委员会主席（1990 年）。

附录三　大事记

注意：以下日期按照儒略历顺序排列，一直到 1918 年 2 月 1 日儒略历被取消。

1879 年

约瑟夫·朱加什维利出生于哥里市（格鲁吉亚），后取名"科巴"，后又改称"斯大林"（意为"钢铁"）。其父是修鞋匠。

1880 年

2 月 5 日，哈尔土林（Khaltourine）刺杀亚历山大二世（冬宫炸弹爆炸）。

1881 年

3 月 1 日，亚历山大二世遭民粹分子刺杀身亡。

1881—1894 年

亚历山大三世统治期间。

1887 年

3 月 1 日，在圣彼得堡针对亚历山大三世的暗杀未遂。弗拉基米尔·乌里扬诺夫（即后来的列宁）的哥哥亚历山大·乌里扬诺夫牵涉其中。

1891 年

西伯利亚大铁路开工建设。

1891—1893 年

俄法联盟。

1894 年

斯大林进入格鲁吉亚首都第比利斯一所东正教中学读书。五年后被开除,并转入地下工作。

1894—1917 年

尼古拉二世统治时期。

1896 年

5 月,霍顿卡惨剧(尼古拉二世加冕仪式时在莫斯科发生的严重踩踏事故)。

10 月,尼古拉二世正式访问法国。

1905 年

日俄战争。

1 月,第一次俄国革命。

1 月 7—8 日,圣彼得堡大罢工。

1 月 9 日,"流血星期日":警察和军队向冬宫广场参加和平示威游行的人群开枪。

6 月 14—25 日,离敖德萨不远的"波将金号"装甲舰上发生起义。

8月25日，俄国和日本签订《朴次茅斯和约》。

10月7日，俄罗斯爆发全俄大罢工。

10月13日，圣彼得堡苏维埃成立。

10月17日，沙皇尼古拉二世颁布宣言，承诺实现政治自由和召集立法杜马。

1917年

3月3日，尼古拉二世退位。

3月5日，临时政府成立。

6月，俄国在南方战线发起进攻，以失败告终。

7月5日，克伦斯基（Kerenski）出任总理。

8月底，科尔尼洛夫（Kornilov）将军企图发动反革命政变，被赤卫队控制。

9月14日，共和国宣告成立，克伦斯基担任总理。

10月25日，布尔什维克发动武装起义。

10月27日，人民委员会成立，列宁当选为人民委员会主席；通过了《和平法令》和《土地法令》；斯大林当选为民族事务人民委员。

1918年

1月5日，民选产生的立宪会议在彼得格勒召开。

1月6日，立宪会议解散。

1月15日，红军成立。

2月1日/14日，启用格列历。

2月18日，德奥联军进攻苏俄。

3月3日，苏俄与德国单独和解（《布列斯特和约》）。

3月10—11日，苏俄首都由彼得格勒迁至莫斯科。

3—4月，协约国派兵远征摩尔曼斯克，剿灭布尔什维克。

4月，英日联军远征符拉迪沃斯。

5月25日，捷克远征军发起反革命暴动。

6月8日，白军攻占萨马拉。

6月28日，在西伯利亚成立反革命临时政府。

7月4—10日，第五次全俄苏维埃代表大会通过第一部苏维埃宪法。

8月2日，英、美、法联军登陆阿尔汉格尔斯克。

8月30日，暗杀列宁事件。

1924年

1月21日，列宁逝世。

1924—1953年

斯大林领导苏联。

1929年

50岁的斯大林成为苏联说一不二的统治者。

1937—1938年

150多万反对苏维埃政权的人被处死或发配到劳改营。

1941 年

巴巴罗萨行动。希特勒撕毁 1939 年协议，于 6 月 22 日进攻苏联。12 月，德国军队兵临莫斯科。

1943 年

斯大林格勒保卫战胜利，之后库尔斯克战役获胜，扭转战争局势。同年，斯大林长子雅科夫死于集中营。

1945 年

雅尔塔会议。斯大林、丘吉尔和罗斯福瓜分世界，并决定成立联合国。斯大林作为战胜者，获得了东欧。

1948 年

布拉格起义。共产党夺取捷克斯洛伐克政权。同年，苏联人封锁柏林。

1953 年

斯大林逝世。经过 4 天的垂危状态，3 月 5 日，星期四，21 时 50 分，他在莫斯科附近的别墅中去世。他的葬礼场面宏大。

1953—1964 年

赫鲁晓夫领导苏联。

1956 年

赫鲁晓夫在苏共二十大上揭露斯大林的部分罪行及个人崇拜。

1964—1982 年

勃列日涅夫领导苏联。

1979 年

12 月，苏联出兵阿富汗。

1985 年

3 月，苏共总书记戈尔巴乔夫开始"改革"计划。

1988—1989 年

苏联从阿富汗撤军。

1989 年

苏联举行差额选举。

1990 年

苏联采用总统制。

3 月，人民代表大会选举戈尔巴乔夫为苏联总统。

1991 年

6 月，叶利钦当选俄罗斯联邦总统。列宁格勒市民选择重新使用圣彼得堡为城市名。

8 月 19—21 日，保守派对苏联总统戈尔巴乔夫发动军事政变未遂。

12 月，苏联解体。

1996 年

6 月，叶利钦再次当选为俄罗斯联邦总统。

2000 年

3 月,普京当选为俄罗斯联邦总统。

2008 年

梅德韦杰夫当选俄罗斯联邦总统。普京被任命为总理。

2012 年

普京再次当选总统。

Poutine: Litinéraire secret © Éditions du Rocher, 2014.

Simplified Chinese language editionarranged with Éditions du Rocher, through Jia-xi Books Co. , Lid. , Taiwan.

Simplified Chinese edition © 2017 by China Renmin University Press

图书在版编目（CIP）数据

普京传/（法）弗拉基米尔·费多罗夫斯基著；李洪峰，沈艳丽译.—北京：中国人民大学出版社，2017.3
 ISBN 978-7-300-23690-2

Ⅰ.①普… Ⅱ.①弗…②李…③沈… Ⅲ.①普京（Putin，Vladimir 1952- ）—传记 Ⅳ.①K835.127=6

中国版本图书馆 CIP 数据核字（2013）第 320103 号

普京传

[法]弗拉基米尔·费多罗夫斯基（Vladimir Fédorovski）/著
李洪峰 沈艳丽/译
Pujing Zhuan

出版发行	中国人民大学出版社		
社　　址	北京中关村大街 31 号	邮政编码	100080
电　　话	010-62511242（总编室）	010-62511770（质管部）	
	010-82501766（邮购部）	010-62514148（门市部）	
	010-62515195（发行公司）	010-62515275（盗版举报）	
网　　址	http://www.crup.com.cn		
经　　销	新华书店		
印　　刷	北京联兴盛业印刷股份有限公司		
规　　格	145 mm×210 mm　32 开本	版　次	2017 年 3 月第 1 版
印　　张	7.625 插页 3	印　次	2022 年 4 月第 4 次印刷
字　　数	129 000	定　价	56.00 元

版权所有　侵权必究　印装差错　负责调换